进阶式
习作检查清单

写作评改的深度学习工具

姜晓燕 著

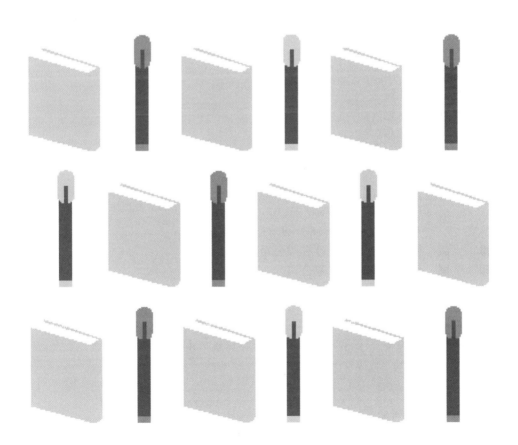

浙江工商大学出版社

ZHEJIANG GONGSHANG UNIVERSITY PRESS

·杭州·

图书在版编目(CIP)数据

进阶式习作检查清单：写作评改的深度学习工具 /
姜晓燕著. —杭州：浙江工商大学出版社，2022.5
ISBN 978-7-5178-4900-1

Ⅰ．①进⋯ Ⅱ．①姜⋯ Ⅲ．①作文课－教学研究－小
学 Ⅳ．①G623.242

中国版本图书馆 CIP 数据核字(2022)第 058537 号

进阶式习作检查清单：写作评改的深度学习工具
JINJIESHI XIZUO JIANCHA QINGDAN：XIEZUO PINGGAI DE SHENDU XUEXI GONGJU

姜晓燕 著

责任编辑	厉 勇	
责任校对	童江霞	
封面设计	朱嘉怡	
责任印制	包建辉	
出版发行	浙江工商大学出版社	
	（杭州市教工路 198 号 邮政编码 310012）	
	（E-mail：zjgsupress@163.com）	
	（网址：http://www.zjgsupress.com）	
	电话：0571-88904980，88831806（传真）	
排 版	杭州朝曦图文设计有限公司	
印 刷	杭州宏雅印刷有限公司	
开 本	710 mm×1000 mm 1/16	
印 张	19	
字 数	341 千	
版 印 次	2022 年 5 月第 1 版 2022 年 5 月第 1 次印刷	
书 号	ISBN 978-7-5178-4900-1	
定 价	72.00 元	

前　言

　　2018 年 4 月，在美丽的千岛湖，我参加了杭州市小学语文优质课比赛，执教的是《假如我会变》。这是一堂习作表达课，在课堂上我尝试着用"习作单"来开展习作教学，以及对学生习作质量的评价，收到了非常好的效果。

　　人往往很容易被火种点燃。从那年开始，我就潜心研究在习作课堂上运用"习作检查清单"。在原有"习作单"只注重"写作内容"的基础上，加入了"习作修改检查"环节。学生边写边改，习作质量有了进一步提升。

　　2020 年，我教四年级。我所在的语文备课组，在集体备课时，达成了一致的共识：尝试在评改前、评改中、评改后运用"习作检查清单"。在实践中，我也进行了反思：能不能把"习作检查清单"做得更科学？能不能把"习作检查清单"做成不同年级学生都适用的？能不能把"习作检查清单"做成与统编教材同步的？……

　　随着思考与实践的深入，我将此研究成果申报了杭州市教师小课题，从作文评改的低效、学生对于以往教师习作评语的漠视、教师对于习作批阅权没有真正下放等问题出发，去研究"习作检查清单"的实施路径、运用策略。此时，我提出了"进阶式习作检查清单"这个核心概念，研究的聚焦点集中在围绕统编教材习作目标，进行项目细化，为学生提供一种逐步提升、可操作的行为清单，并引导学生通过自我提问、写作共同体的互惠互通的方式进行习作评改行为的引领、程序控制和作品自检，从而使学生习作评改的方法不断改进、能力不断提升。

　　在实施中，我和学校的语文老师一起探索出了三种运用清单的样式，第一种是引学样式，主要包括写作情况分析、写作任务规划、写作激情释放三个方面，它的操作要点集中在立足清单互动学习，把好写作的方法关，落实"小步子走"目标。第二种是共学样式，主要包括建写作共同体、生成深度互惠、评写协同发展三个方面，它的操作要点集中在检查清单导共学，发布平台促回应，评改作品精心定。第三种是补学样式，主要包括完善用后清单、强化隐在衔接、接轨真实生活三个方面，操作要点集中在适当归类统整补学，选择时机弹性补学，内容升级迭代补学。在结合学情,明确评改的核心问题和高频的互动中,引导写作过程,使评改与教学融合赋能。它适应发展动态,为学生的作文提供有效的认知和行为支架,优化评改的激励机制,实现写作共同体的大格局成长。

后来,这个课题获得了杭州市教科研成果教师小课题成果的一等奖。

欣喜之余,我问自己:研究是不是到此结束了? 答案是否定的。我继续进行着更微观的"课课用"研究,把一到六年级统编教材中的写话、习作课,都尝试着用"进阶式习作检查清单"为学生提供习作支架,帮助他们落实习作目标,实现教、学、评的一致性。这本书就这样在真实的实践中诞生了。

姜晓燕

2022 年 1 月

目　录

进阶式习作检查清单介绍

第 1 章

《义务教育语文课程标准(2011 版)》(以下简称《课程标准》)中指出："重视引导学生在自我修改和相互修改的过程中提高写作能力。"写作评改是写作教学中非常重要的一环。在当下的写作教学中,作文评改的目标模糊化,评改的权力没有下放,投入低于产出,学生的评改能力薄弱。为此,我们提出了进阶式习作检查清单。该清单基于学情和学段习作目标,设置阶梯推进,激发学生的内在需求,引领学生修改习作,共享习作成果,提升写作素养。

一、写作评改存在的问题分析

(一)评改目标层面:目标方向模糊,教学失去航标

【案例 1】总在写"起因、经过、结果"

四年级语文老师让学生们写《长跑比赛》,对学生们说:"写的时候,要把事情的起因、经过、结果写清楚。"学生们点头。

教学下一篇作文《妈妈炒菜》时,她又对学生们说:"写的时候,要把事情的起因、经过、结果写清楚。"学生们埋头写。

教学再下一篇作文《过生日》时,她还对学生们说:"写的时候,要把事情的起因、经过、结果写清楚。"学生们嘀咕:"总是要写起因、经过、结果。"

上面这个案例引起我们诸多思考,我们的写作教学在目标的方向性上存在着问题。

1. 目标制订缺少科学性

写作的教学目标来源于哪里?《课程标准》、统编教材、教参。很多时候,教师都是直接抄写教参中的教学目标的。但是这个目标一般来说是关于一个习作活动的大目标。就拿案例中的三个写作内容来说吧,都是来自统编教材四年级上册第五单元习作模块,三个写作内容围绕"写一件事,把事情的起因、经过、结果写清楚"这个目标来定没有错,但是随着写作活动的一步步推进,目标是不是要配合学生的写作重点发生改变? 例如"经过部分"如何写具体,这样的教学目标切入的点就小而科学了。

2.习作教学充斥随意性

拿上面的案例来说,教师们觉得在"写一件事"的教学中只要把握住"写清楚起因、经过、结果"就行了,其他的写作知识点、写作技能、评改方法,想到了就告诉学生,没想到就任由学生自己写。写作教学没有规划,没有科学性的进阶。教师的教学行为随意,造成学生"不知道写什么""不知道如何写",更不知道"如何把作文改好"。

(二)评改方式层面:批阅权力集中,评语失去作用

【案例2】学生没有在意老师写的作文评语

语文老师感觉特别犯难的一件事就是批改作文。全班几十名学生的作文写好后,一般都是把作文收齐,利用课余时间批改。老师辛辛苦苦给每位学生认真批改,旁批、眉批、总批一个也不落下。批改好后,作文发下去,很少有学生去琢磨老师写的批改文字,更少有学生根据老师的建议主动去修改。

1.写作评改过程的隐蔽性

案例中老师的故事,是有典型性的。作文批改是一项十分耗时的工作,老师们都很辛苦地进行批改。这里的批阅权集中在老师的手中,批改的过程对于学生来说是隐蔽的、看不见的。这样的隐蔽性,造成学生对老师的批改不上心,他们也无法感受到老师在其中花的心血。

2.写作评语撰写的通用性

很多时候,学生读到的作文评语是"语句通顺,故事写得比较完整",这是通用性的评语。他们从评语当中,无法得知自己在本次作文中真正成功的地方是什么、不足的地方是什么,以及究竟该用什么方法去弥补自己的不足。久而久之,当学生看到自己的作文中,老师都习惯性地写"语句通顺,故事学得比较完整"时,他们都渐渐漠视了。

(三)评改效果层面:质量产出低效,评改失去动力

【案例3】"作文,我实在改不出来"

老师让学生把写好的《长跑比赛》修改一下。小明同学看着自己的作文,拿起笔不知如何下手改。小明同学觉得自己已经"使用了洪荒之力",写得很好,很令自己满意了。老师却说"再改改"。他改了老半天,终于找到了一个别字,他改好了,交给老师,老师说:"改得不够认真,继续改。"小明傻眼了。

1.写作评改方式低层次

案例中的学生虽然上四年级了,但是他对作文的评改还只是把错别字改出来,把句子改通顺,停留在低层次上。至于作文的行文结构,以及主人公的语言、动作、神态方面的修改,他自己觉得没有那些方面的能力。四年级学生评改内容调查统计情况如图1所示。

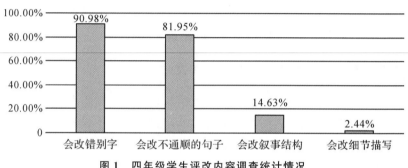

图1 四年级学生评改内容调查统计情况

图1中的数据也反映了学生在作文评改上的低层次,对于细节描写和叙事结构的修改,他们修改的比例较低,也缺少方法。

2.写作评改能力零散性

在写作教学中,老师们会抱怨:自己在评改的时候,指导了很多,可是学生自己修改时,还是不清楚到底要修改什么、怎么修改。一方面,老师指导的范文跟学生自己写的作文,可能在行文上会有所不同,因此可比性不大;另一方面,也是最重要的,即学生的评改能力都是零散的,他们没有接受过系统的训练,如不知道修改细节描写的方法,不知道哪些方法操作性强,是可以在实践中使用的。

二、进阶式习作检查清单的基本内涵

(一)进阶式习作检查清单的概念

1.清单

清单,是一种实用的信息辅助工具。人们的记忆和注意力是有限的,列出清单,有助于人们避免遗漏,更好地按照顺序高效执行和完成任务。

2.习作检查清单

习作教学是小学语文教学的重点和难点,其目标是培养学生的自主习作、自由表达能力。想要小学语文习作评改教学取得良好的效果,就需要教师在教学中运用习作检查清单。习作检查清单,帮助学生写作和修改,为学生写作制定检查表。它让学生在一个更加宽广的领域形成学习共同体,产生关联。

3.进阶式习作检查清单

"学习进阶"是近年来美国科学教育改革中一个新兴的概念,其内涵为:学生关于某一核心知识以及相关技能、能力、实践活动在一段时间内进步、发展的历程。它表现为特定知识、技能和能力的潜在发展序列。"进阶式"的思想认为学习是一种积少成多、由量到质的变化过程。

进阶式习作检查清单,是教师将习作训练核心点细化为可供学生操作的,用以逐步提升习作水平的行为清单,通过自我提问、写作共同体的互惠互通的方式进行习作评改行为的引领、程序控制和作品自检,从而使学生习作评改的方法不断完善、能力不断发展。

(二)进阶式习作检查清单的特点

进阶式习作检查清单具有评改要求具象化、评改互动高频化、评改能力进阶化的特点,这三个特点互相关联,形成学生写作评改能力的一个整体,如图2所示。

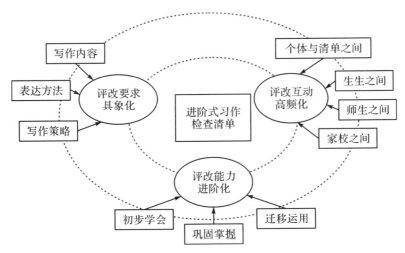

图2 进阶式习作检查清单的特点

1.评改要求具体化:写作知识与经验的相互转化

进阶式习作检查清单就是将本次写作要求、语文要素,包括写作内容、表达方法、写作策略等方面的知识和要求具体化,以清单条目的形式呈现,供学生在评改过程中自检或互评。

2.评改互动高频化：写作活动与体验的相互伴生

学生有了进阶式习作检查清单，可以用它作为标准反观自己的作文，在与"自我提问"和"写作共同体"的不断互动中，发现评改的方法、策略，明白评改的方向和意义，从而实现"通过进阶式习作检查清单来引领学生自主建构写作能力"的目标。

3.评改能力进阶化：写作本质与变式的相互迁移

学生借助进阶式习作检查清单，自评自改、互评互改、师生同改、家校促改，评改的方法、策略，从"初步学会"到"掌握"，再到"熟练运用"。每个学生在不断练习中扩大了视野，使写作行为实践得以进一步优化，提升了写作效能。

三、进阶式习作检查清单的设计

（一）进阶式习作检查清单的三个目标

1.写作目标"清"：以终为始，简明可测

许多教师在进行习作评改教学时，习惯于一开始就安排评改活动。这固然重要。但是借助进阶式习作检查清单的评改，可以打破这种陈规，从预期的评改结果着眼，首先让学生明确在习作单元结束后自己应该知道的写作知识，应该学会的评改方法。明确了预期的评改结果之后，教学就紧扣清单中的要求去展开，从而使评改活动不至于偏离方向。

2.单元内容"清"：抓大放小，项目细化

深度学习的另一个设计上的要求就是把关键点、核心点作为构建评改教学的框架。这个关键点，就是《课程标准》中的能力点、统编教材中的语文要素。通过抓大放小，区分优先顺序，将语文要素项目细化，重点、难点就被抓牢，学生就能在有限的学习时间内最大限度地掌握作文评改的方法，实现持久性理解。

3.长程设计"清"：基于反省，循环往复

进阶式习作检查清单将习作要求清单化、过程能力化、评改对标化、等第星级化。学生依托清单，主动完成一个个任务，教师要启发诱导学生进行反省，引导学生控制自己的学习和认知过程，反省自己在评改过程中的得失，发现问题，分析问题，解决问题，在进阶式的循环往复中，体会成功带来的愉悦。

（二）进阶式习作检查清单的三种角度

1.一个写作主题，不同内容梯度

教师在设计进阶式习作检查清单时，必须先考虑期望学生在作文评改中学会什么。统编教材的语文要素都是通过主题来实现的。一个主题下，我们可以设计不同的内容梯度，以适应学生不同的需求，如图 3 所示。

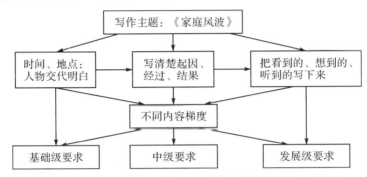

图 3　进阶式习作检查清单中一个写作主题下的不同内容梯度

图 3 中，是同一个写作主题"家庭风波"下的不同内容梯度设计。其中在作文中交代清楚时间、地点、人物是最初级的要求，必须人人达标；写清楚起因、经过、结果是中级要求，要求大部分学生达标；把看到的、听到的、想到的写下来，是高级要求，有实力的学生可以挑战。

2.不同年级学生，同一个评改要点

一张好的进阶式习作检查清单是能体现学习的整体性的。它使学生围绕核心概念，不断地学习、不断地刻意训练，从而能牢固地掌握相应的知识，并能灵活地进行迁移运用。例如"写一件事"，在三年级时，清单中要求学生能把事情的先后顺序写清楚，这是评改的重点；到了四年级，清单中要求学生写事情要按照一定的顺序来写。年级不同，评改的要点聚焦的是同一个。具体如图 4 所示。

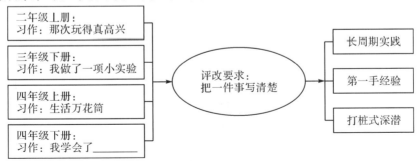

图 4　进阶式习作检查清单中不同年级同一个评改要点

3.不同写作主题,同一个评改尺度

同一个评改尺度,是说可以通过不同写作主题的训练,来学透同一个写作方法。例如写作主题分别为"捉蚊趣事""一件烦心事""教室里的掌声""家庭风波",学生在用进阶式习作检查清单时,都要把牢"按一定的顺序把这件事写清楚"这个尺度,从而使学生能从反复、进阶的学习中,真正学会写作的技巧。具体如图5所示。

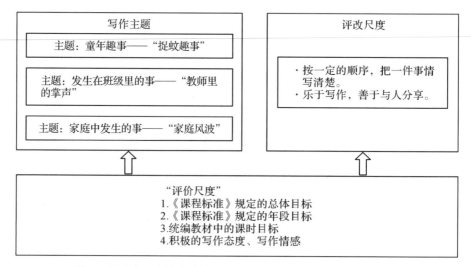

图5　进阶式习作检查清单中不同写作主题下的同一个评改尺度

(三)进阶式习作检查清单的四个步骤

自赫尔巴特起,人们就已经清晰地意识到,任何学习都是建立在学习者原有知识基础上的,要基于儿童立场。如果教师希望有效地组织学生的习作评改活动,就必须找出学生原有的观念、理解和信念。

基于儿童立场的进阶式习作检查清单的设置,需要经过潜心研读、多维提炼、精准定位、浅出表述四个环节。

下面,以统编小学语文教材四年级上册第五单元为例具体说明。

1.潜心研读

研读与本次写作学习活动相关联的《课程标准》和教材。当然,也要注意了解学情。

2.多维提炼

就《课程标准》而言,四年级对应的是第二学段写作上的目标:"修改自己的习作,并主动与他人交换修改。"就教材来看,我们可以从写作内容、方法和要求方面提炼"写一件事，把事情写清楚"。我们还得考虑学生写作文短评的动机、态度和水平等。归纳情况，如表 1 所示。

表 1　进阶式习作检查清单中的评改内容提炼

依据	基本维度	具体内容
《课程标准》	习作要求	▷学习修改习作中有明显错误的词句 ▷修改自己的习作，并主动与他人交换修改
统编小学语文教材	单元导读	我手写我心，彩笔绘生活
	选文学习提示	▷《麻雀》：说说课文围绕麻雀写了一件什么事，这件事的起因、经过和结果是怎样的；课文是怎样把"老麻雀的无畏"和"猎狗的攻击与退缩"写清楚的 ▷《爬天都峰》：课文是按照什么顺序写的？"我"开始不敢爬，最后爬上去了。课文是怎样把"我"爬山的过程写清楚的
	单元学习任务	▷了解作者是怎样把事情写清楚的 ▷写一件事，把事情写清楚
	习作任务	▷选一件自己印象深刻的事情，按一定的顺序把这件事情写清楚 ▷写完后，读给同学听，请同学说说这件事是否写清楚了，再参考同学的建议修改
学情	写作动机、态度、水平等	学生在"写一件事"上有一定的基础，"起因、经过、结果"一般都能写清楚，但对于经过部分的内容如何写清楚还不太会

3. 精准定位

将本次写作活动的具体内容和要求根据学情精准定位。"单元学习任务"中提到的"写一件事，把事情写清楚"是写作的关键点，也是前提；"按一定的顺序把这件事写清楚"是要掌握的方法；"参考同学的建议修改"是对评改提出的更高要求。

4. 简短表述

用简短的语言以条款的方式来表达，条款指向写什么、怎么写、达到怎样的要求等，用语要简洁、浅显易懂，便于对照、检测。具体情况如图 6 所示。

学习活动：写"她收到了礼物"的一件事。
写作要求：
1. 能按"收到礼物→礼物来历→带来改变"的顺序写。
2. 对"礼物的来历"能进行重点描写。
3. 根据标准自检、自评。

自检自评	第一条　☆
	第二条　☆
	第三条　☆

图 6　进阶式习作检查清单中的评改目标

因学情不同,学生可以在清单中增减内容,设置适合自己的进阶式习作检查清单。清单旨在把隐性的写作知识外显化。

(四)进阶式习作检查清单设计的三种形式

1.摘取星星型:"我能"冲击清单

在清单的写作条目中,采用第一人称"肯定"的口吻来陈述评改的目标。学生在自评、他评中"摘取星星",获得相应的评定等级。具体情况如表 2 所示。

表 2   以"我能"为表征的进阶式习作检查清单

目标层级	习作评改目标具体内容	自评	他评
第一层	能把作文中的语句写通顺	☆ ☆ ☆ ☆ ☆	☆ ☆ ☆ ☆ ☆
	能做到作文不写错别字	☆ ☆ ☆ ☆ ☆	☆ ☆ ☆ ☆ ☆
	能把标点用正确	☆ ☆ ☆ ☆ ☆	☆ ☆ ☆ ☆ ☆
第二层	能把一件事写完整	☆ ☆ ☆ ☆ ☆	☆ ☆ ☆ ☆ ☆
	能把心儿怦怦跳的经过写清楚	☆ ☆ ☆ ☆ ☆	☆ ☆ ☆ ☆ ☆
	能写出当时的感受	☆ ☆ ☆ ☆ ☆	☆ ☆ ☆ ☆ ☆

2.打破砂锅型:"你能"启发清单

将评改条目用疑问句的形式追问学生、启发学生。在一个接一个的追问中,引导学生反观自己的习作,择时进行评价,既可以认清自己,也可以在合作中有目的地给予帮助。具体情况如表 3 所示。

表 3   《我的心儿怦怦跳》习作检查清单

检查标准	自评	他评
能聚焦心儿怦怦跳的那一刻展开描写	♡ ♡ ♡ ♡ ♡	♡ ♡ ♡ ♡ ♡
能写出一种内心想法	♡ ♡ ♡ ♡ ♡	♡ ♡ ♡ ♡ ♡
能写出一种身体反应	♡ ♡ ♡ ♡ ♡	♡ ♡ ♡ ♡ ♡

3.芝麻开花型:"混搭"效能清单

混搭,就是将习作要求用不同的表现形式,列入同一张清单中,形成更符合小学生年龄特点和认知特点的清单。在进阶式的学习中,学生的写作能力如芝麻开花节节高。具体情况如图 7 所示。

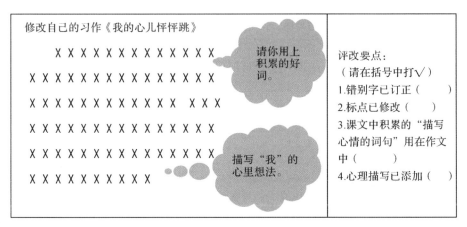

图7　以"混搭"为表征的进阶式习作检查清单

四、进阶式习作检查清单的教学推进

(一)引学样式

"引",即引导,就是借助进阶式习作检查清单引导学生整体感知写作内容,整体把握写作要求,增强学生写作的意愿,激发他们的写作兴趣。

1. 引学的具体内容

引学的内容主要包括"写作情况分析、写作任务规划、写作激情释放"三个方面。

(1)写作情况分析。写作要求不是师生嘴上说说的,它要有具体的文字,让人人都知晓。在进阶式习作检查清单使用中,学生在写作之前,要对照清单上的条目,对自己的写作情况进行分析,哪些要求自己之前已经达到了,哪些要求自己还没有达到,要在本次写作中努力。

(2)写作任务规划。在明确了自己的写作情况之后,学生就可以进一步借助进阶式习作检查清单,确定好自己在每一个阶段中的写作任务。例如,有的学生在"写一件事"时,若写不清楚,就可以借助"起因、经过、结果"的框架,有规划地写。具体情况如图8所示。

"写一件事"中的情境素材	写作任务规划
捉蚊趣事　　一件烦心事 她收到了礼物　　爷爷戒烟了 　　照片里的温暖　　家庭风波 教室里的掌声　　信不信由你	事情：（写自己印象深刻的、有把握 写的内容） 　起因：（简略写）＿＿＿＿ 　经过：（花时间，具体写）＿＿＿ 　结果：（简单写）＿＿＿＿

图8　进阶式习作检查清单中写作任务规划

（3）写作激情释放。进阶式习作检查清单并不是用条条框框限定学生的写作，而是让学生在自知的基础上，激发自己的写作动力，朝着自己未达标的地方去努力，这样的学习才是有价值的。

2.引学的操作要点

把握三大操作要点，即立足清单互动学习、把好写作的方法关、落实"小步子走"目标。

（1）立足清单互动引学。选择、组合和整合信息是促进学习者意义学习的关键。新课程改革倡导教会学生学习。进阶式习作检查清单让学生在信息的反馈中，不断地与自我互动，学会自我调节，优化其意义建构。

学生写《家庭风波》前，想想这件事的起因、经过、结果是怎样的。具体如表4所示。

表4　《家庭风波》构思习作检查清单

我这样问自己：	我这样自检、回答：
1.引起家庭风波的起因是什么？	
2.这场家庭风波的经过是怎样的？	
3.家庭风波的结果如何？	

采用设问的形式，聚焦写作的关键点"写清事情的起因、经过、结果"，进行反复地互动，强化写作的方向和意识。

◆学生仔细回忆发生在家里的这场风波的起因、经过、结果是什么，用简洁的语言填写在习作检查清单中。

◆写好后，借助清单将这件事按一定的顺序说给同伴听。

◆指名学生借助清单把一件事说清楚。教师及时点评这个事件中让人印象最深刻的内容。

在问题的牵引下,学生与问题互动,进行信息反馈,为二度学习做好铺垫。

(2)把好写作方法引学。古人云:"学贵有法。""教会学生学习"是当今世界流行的口号。因此在借助进阶式习作检查清单写作时,要把好写作方法这个关。在清单当中显现写作方法,让学生的写作有方向、有支架。

学生在写《家庭风波》时,最担心的是"经过部分"写不好。为了让学生有方法去写,心中有底地去写,我们在清单中将与"经过"内容有关的项目细化。具体如图 9 所示。

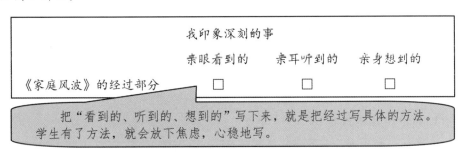

图 9　《家庭风波》习作自检清单

◆写"看到的",就是把人物的动作写准确、写生动。

◆写"听到的",就是描写风波中发出的声音、人物说的话语。

◆写"想到的",就是写自己对于这件事情的看法。

学生在作文完成后,回过头去对照"经过部分能将看到的、听到的、想到的写下来"这个条目,审视自己的作文,是否达标。这样对学习过程进行检视,学生的作文质量就会有保证。

(3)落实"小步子"走引学。考虑到小学生"慢"的特点,确立了"小步子走"的清单使用特质。具体表现在:一是学习策略上强化反复,比如先让学生达到最基本的写作要求,之后再进阶到"最近发展区"能达到的目标,写作能力强的学生,可以冲刺更高的目标。二是在班级写作发展实效上,不断关注后 30% 的学生是否积极参与了写作,只有他们动起手来写,会运用初步的写法了,下一步的学习活动才能展开。

学生写好《家庭风波》后进行自我检查、评价。如表 5 所示。

表5　《家庭风波》自我检查清单

检查内容	自我检查
能书写端正	☆☆☆☆☆
能把句子写通顺，没有错别字	☆☆☆☆☆
能把事情的起因、经过、结果写清楚	☆☆☆☆☆
能把经过部分表达清楚，字数较多	☆☆☆☆☆
能把看到的、听到的、想到的在经过部分写具体	☆☆☆☆☆

> 检查的项目依次递进，从基本项目达标开始。

（二）共学样式

共学样式是基于出彩理念设计的一种写作共同体的形式，目的是通过进阶式习作检查清单设计一些长周期的学习项目，促使学生根据师生、生生、家校拥有的资源及优势不断改进自己的写作方法，认识到自身在团队中的重要价值。

1.共学的具体内容

共学的内容主要包括"建写作共同体、生成深度互惠、评写协同发展"三个方面。

（1）建写作共同体。写作共同体是一个系统的写作环境，是一个协同探究、互相评价、互相改良的学习共同体。它以共学的方式，同质组合，也可以是强弱异质组合，人员数量往往控制在4～6人。通常可根据写作主题任务的需要确定人数，并推选一名成绩优异、管理水平较好、资源丰厚的学生充当小学长，根据完成作品的要求开展作文的评改活动，如图10所示。

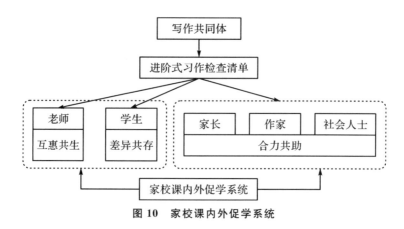

图10　家校课内外促学系统

（2）生成深度互惠。《学记》有言："相观而善之谓摩。"意思是相互观察从而学习他人的长处，可以达到切磋琢磨的目的。学生在进阶式习作检查清单下，改变纯粹凭自我感觉进行的"无轨电车"式的点评，而是聚焦每　个项目的点评，进行深度的学习，具有互助互惠的鲜明特点。学生在写作共同体中可以互为假想或真实的读者，互为写作经验的交流者，互为作文成果的评改者。

（3）评写协同发展。清单的作用并不仅仅在于评价，更多在于改进和促进。学生在互相评价中，暴露出来的缺点，不是搁置，而应该是形成后续学习的方向和思维的生长点，评价促进修改，修改依赖于评价，评和写协同发展，良性循环。具体情况如图 11 所示。

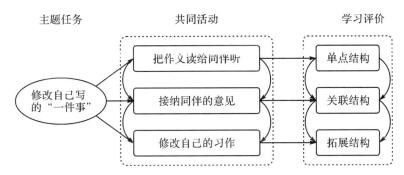

图 11　进阶式习作检查清单中的共学评写双促进

2. 共学的操作要点

共学实施中，为保证共学的顺利实施，通常要把握"清单导共学、平台促回应、作品随心定"三大操作要点。

（1）检查清单导共学。进阶式习作检查清单将共学流程巧妙地融入结构化的活动中，实现了多元发展目标。具体见案例 4。

【**案例 4**】共学小组成员作文《打枣子》

老师把学生的作文《打枣子》，复印后发给每个小组。小组内每位同学认真阅读，并根据清单进行共学、点评、修改。具体情况如图 12 所示。

打枣子

这个星期天，我去奶奶家吃饭。因为哥哥准备留下来吃晚饭，所以我和姐姐留下来陪哥哥。奶奶家虽然没装空调，可是我们还是度过了一个愉快的下午！

我们因为没空调而跑去小卖部买了好几瓶水和几盒冰激凌。回来后，奶奶想起家门口的枣树上的枣子熟了，便喊我们几个去打枣子，打枣子就是拿一根竹竿敲打结在树上的枣子。我看了看奶奶怎么打之后就拼命敲打枣子，姐姐和哥哥在一旁捡掉在地上的枣子。后来，我和哥哥交换工作，他打枣子，我和姐姐在接枣子的同时被哥哥打下来的枣子砸到了头。我和姐姐为了不受伤，只好去洗枣子了，我们俩边洗边吃。

打枣子活动真好玩！

《打枣子》进阶式习作检查清单

评价标准	达成			修改意见
	A	B	C	
书写规范				
语句通顺				
按一定的顺序写				
重点阅读"打枣"的经过部分，人物的动作、语言写具体				

（左侧标注：评价指南）

图12　《打枣子》进阶式习作检查清单

共学小贴士

（1）共学：自由朗读《打枣子》，找到"打枣"的内容，圈出打枣的动作，画出人物说的话。

（2）共研：和组内同学交流，"打枣"的经过这部分内容，作者有没有写清楚。

（3）共商："打枣"部分的优点是什么？需要修改、提意见的地方是什么？

学生在共学中发现，《打枣子》一文的动作描写比较好，但是在人物的语言描写上却是缺少的，需要把人物的语言进行大刀阔斧地修改。达成这样的共识之后，把意见传达给《打枣子》一文的作者，帮助其改正学习错误，同时，对写作共同体的每个成员来说，也是一次学习的过程，具有相似问题的学生，可以获得借鉴、点拨。

（2）发布平台促共学。互动是共学的关键环节，一般会通过"网络发布、评价互动"促进学生互动。一是网络发布。我们把学生的习作稿发布到班级微信公众号上，根据进阶式习作检查清单中的评价条目进行点评，分享学习成果。二是评价互动。我们将学生的习作张贴在班级的习作栏中。每个小组拥有人均10个小苹果，写作共同体成员可以根据清单中的具体评价标准，把小苹果粘贴在张榜的习作上，如图13所示。

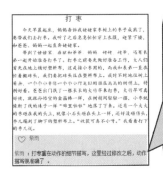

图 13　优秀作文张榜公示

（3）评改作品享共学。制作作品集是共学的一个环节。学生对于自己所写的满意的作文，可选择编辑作文集、向杂志社投稿、录制微视频、创建成果角等方式整理研究成果。其中"编辑作文集"，可以是个人作文集，也可以是小组成员共同的作文集。"向杂志社投稿"，对在清单评价中脱颖而出的优秀作文，鼓励学生向报刊投稿。"录制微视频"是把自己的作文用微视频的方式，进行朗读（可以邀请同伴朗读），表达出来。"创建成果角"是把个人的作文或团队的作文，发布在诸如"青少年作文"App 上，归档之后，形成一个专业的共学成果，如图 14 所示。

在 APP 上建立自己的作文集

把共学后修改好的稿子，去杂志社投稿。

把作文录制成微视频，也是一种很好的二次检查。

图 14　优秀作品成果展示

（三）补学样式

学生在借助进阶式习作清单进行评改共学之后，会出现一些写作上没有掌握的点和一些共性的问题。这就需要跟进补学。这里的补学，重在我们教师对问题的归类，进行有选择性的写作补学。

1.补学的具体内容

它主要包括"完善用后清单、强化隐在衔接、接轨真实生活"三个方面。

(1)完善用后清单。学生使用后的进阶式习作检查清单,是学生的习作档案,上面记载了学生在写作上的长处和不足。针对清单的档案留存价值,后续主要做了以下工作:一是完善个人清单,形成"学历本"。将学生每一堂课、每一个单元、每一个学期、每一个年段的清单保存下来,可以监控学生不足方面的改进情况。二是整合课时清单,形成"全程链"。我们把学生在写作课上第一课时、第二课时、第三课时的清单中显示出来的情况,整合在一起,可以看到学生整个学习的历程。三是共性问题清单,形成"新层级"。在清单中,学生的"掌握"与"未掌握",显得更加清晰,学生的层级也悄然发生着改变。原本阅读能力弱的学生,或许在写作上却异常出色;原本整篇作文架构能力弱的学生在细节描写上却出类拔萃;细化的评改内容,有些学生擅长动作描写,有些学生擅长语言描写,班级里形成了写作的新层级。

(2)强化隐在衔接。补学不是僵硬、刻板地补写作知识、写作内容,而是补写作的理念、写作实用性方法。例如学生"把一件事情写清楚"中的补学"时间、地点、人物、起因、经过、结果",实则是要求把故事复述清楚,写故事是用文字的形式把故事讲给别人听,两者都要有读者意识。弄清楚了隐在的衔接之后,学生写作的培养,就有了长线的目标。

(3)接轨真实生活:补学如果脱离真实的生活,那补学的内容就是走不进学生的内心世界的。针对学生在清单中显现出来的薄弱点,在补学时,让学生与真实的生活链接。如"当你读到一篇作文,看到的都是人物的动作,没有一句人物的语言,你会有什么感觉?""这篇作文要好好改,争取发表在《新少年作文》上,点赞数超200。""你打算重点修改哪一部分,使自己的作文成为爆款?"学生就会结合自己的生活经验去思考,故事中语言带来的生动性和具体性,评改上也有了动力。

2.补学的操作要点

(1)适当归类统整补学。作文写完了,写作目标达成度有多少,课堂的增量有没有体现出来,有没有薄弱环节和疏漏之处需要改进或补救。借助进阶式习作检查清单来诊断学习效果,查明疏漏之处,及时补救。

学生在使用进阶式习作检查清单时,因为评改的指标细化,使得出现的问题很多。面对各种问题,逐一补学既不可能也没有必要。最有效的做法是按照类别将问题归类合并,找到问题与问题之间的联结点,进行统整性补学。

学生在评改完《家庭风波》后,我们把清单收上来,进行统计与反馈。具体情况如表 6 所示。

表 6　《家庭风波》习作自检清单达标统计

项目	具体内容	达标率(%)
语言	把故事写清楚	85.61
	语句通顺	85.42
思维	能按事情发展顺序写	76.98
情感	表达真善美,表达童真童趣	88.95
方法	按起因、经过、结果进行叙述	71.95
	按记叙文六要素进行表述	94.63
	经过部分能将看到的、听到的、想到的写下来	70.73

> 把"看到的、听到的、想到的"写下来,是写法当中需要学生掌握的新的写作知识点和方法。这三者中,学生在后两者的写作上掌握得相对较差。

从统计图表中,我们发现学生在写事作文中显示出来的问题,彼此之间是有联系的:

"思维"与"方法",它们指向的是同一层次的问题,即写作上的顺序。如果将"按照起因、经过、结果进行叙述"作为补学的点,那么学生写作思维上的问题,也会得到解决。

"语言"与"方法",集中体现出的问题是"把故事写清楚"。要解决语言方面的问题,还得回归到写作方法上。

在对写作中出现的问题进行归类后,就可以进行统整补学。例如,学生在写作文时容易将"看到的"写清楚,而对"听到的",即对人物语言的描写不够细致,对此,教师可以结合后续例文《小木船》来教学;对"想到的",学生在写作中往往会疏漏,教师就可以在今后的作文教学中有意识地加以指导。

(2)选择时机弹性补学。统编教材中的"习作单元",是按照"单元篇章页—精读课文—交流平台—初试身手—习作例文—习作"的体例呈现的,每个栏目都承载着习作教学的特定任务,如图 15 所示。

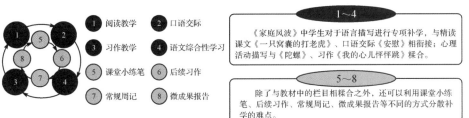

> ① 阅读教学　② 口语交际
> ③ 习作教学　④ 语文综合性学习
> ⑤ 课堂小练笔　⑥ 后续习作
> ⑦ 常规周记　⑧ 微成果报告

1～4
《家庭风波》中学生对于语言描写进行专项补学,与精读课文《一只窝囊的打老虎》、口语交际《安慰》相衔接;心理活动描写与《陀螺》、习作《我的心儿怦怦跳》糅合。

5～8
除了与教材中的栏目相糅合之外,还可以利用课堂小练笔、后续习作、常规周记、微成果报告等不同的方式分散补学的难点。

图 15　进阶式习作检查清单的弹性补学

◆在写事过程中,学生对于"想到的"写不具体。在补学时,与课文《一只窝囊的大老虎》相衔接。

> 看来老师对我的演技并不满意,她倒没说什么。那位演哥哥的小朋友话可多了。他说我这只老虎太窝囊,连豁虎跳也不会,只会在地上爬。还说他从来没见过不会豁虎跳的老虎。随他说去吧,我这个配角虽然配不上他,可是老师没撤换我,他也只好将就。

◆比较"庆幸"和"高兴"。

两者有什么区别? 哪一种心情更贴切?

◆指导朗读,读出"庆幸"。

◆尝试在自己的作文中,用"我想"来增补一段话。

◆把写好的"我想"读给同伴听,看看这样写合不合适。

我们在教学中应把握教学时机,将补学的内容巧妙地糅合到阅读教学、口语交际、语文综合性学习里去,以课堂小练笔、常规的周记等方式进行无痕渗透,自然分散补学,形成一个学习的整体系统。

(3)内容升级迭代补学。不同学生的认知发展水平和语言运用能力存在着差异。因此,补学有群体补学,也有个体补学。补学的内容如果老是在基础训练上徘徊,对于学习能力强的学生而言就是"炒冷饭"。我们根据学情,对进阶式习作检查清单进行内容上的升级。具体情况如表 7 所示。

表 7 《我敢做_____了》进阶式习作检查清单

检查标准	打星		困惑与收获	备注
▶基础级◀	自评	同伴评		
能把一件事写完整,语言通顺				
选择的事情真实且典型				基础级是基本要求,为必选项;发展级是更高要求,为可选项
能写清楚"敢做"的事情的经过				
▶发展级◀				
选材新颖				
能写清楚从"不敢做"到"敢做"的过程				
能用上动作、语言、心理活动描写方法,把重要内容写清楚				

【案例5】补学案例

一件事不同的人来写，重点可能是不同的。对于下面的事情，你重点写的是哪一部分？

示例：《我敢做_____了》

师：对于下面的事情，你重点写了哪一部分呢？

生1：我想突出当时遇到的困难。

[补学点拨]你把困难写细致些，突出困难大得让人害怕，表现最后克服困难的不容易。

生2：我写的是自己内心的思想斗争。

[补学点拨]这是个好主意，你可以写一写自己的心里有两个声音在打架，表现自己克服困难的内心斗争过程。

生3：我写的是在别人身上汲取力量。

[补学点拨]这一点也很重要，你可以把自己与别人进行比较，看到别人能做到，觉得自己也是可以的。

迭代升级的进阶式习作自检清单完善了学生学习自检的内容，他们的写作评改情境也随之升级。而补学也从大处着眼，重心落在学生不易掌握的重点、难点上，确保"补"在要害处，真正"补"有所得。

五、进阶式习作检查清单的运用效果

（一）评改目标层面：精准的导航系统，引导教师正向地施教

进阶式习作检查清单的使用，让我们教师将习作教学的视角从"怎么教"，转向到"如何促进学"上来。这样的转变中，写作的目标和教学行为发生了良性的转变。

1.目标制定更具科学性

以往我们教师对于写作教学目标的制定，都是抄写教参上的。如今，结合清单的使用，在写作目标的制定上，更具科学性，如图16所示。

基础目标

（1）通过读懂例文，进一步了解叙事类文章可以按事情的起因、经过、结果进行写作，体会有序写作自然流畅的优点。

（2）通过对记叙文六要素的学习，知道叙事类文章必须点明的内容，在写作中学习如何把事情写清楚。

（3）根据同学的建议，主动修改自己的习作。

特色目标

（1）通过学习例文，选择写作内容；借助"检查清单"，厘清写作思路。

（2）通过及时的学以致用，感受习作的乐趣，增强习作信心。

发展目标

激发写作兴趣，学习"把事情写清楚"，感受"我手写我心，彩笔绘生活"的乐趣。

图 16　统编小学语文教材四年级上册习作单元学习目标

2. 习作教学呈现逻辑性

吕叔湘先生在《语法修辞讲话》中指出："要把我们的思想正确地表达出来，第一件事情是讲逻辑。"同样，写作教学也要讲究逻辑性，避免凭直觉的随意性。

进阶式习作检查清单是学生在写作中的导航系统，也让教师在评改写作时有内容可依，有方法可据，有要求可参考，给学生的学习赋能，如图 17 所示。

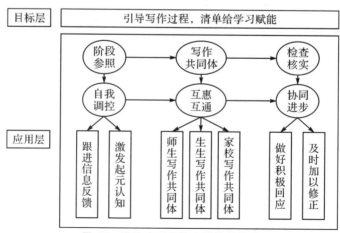

图 17　进阶式习作检查清单的推进

(二)评改方式层面:实用的支持体系,支持学生有效地学习

进阶式习作检查清单,面向全体学生,学生在完成一项项检查任务的过程中,完成了习作,也使学生以更缜密的方式看世界。

1.写作评改过程的开放性

有了清单的协助,我们老师将作文的批改权下放。学生不仅实现了个人批改,还实现了与同学之间的互改、家校之间的互通。

【学生说】有学生在自己的作文中写道:"今天,我的同桌告诉我,他的爸爸妈妈都读了我的作文《家庭风波》,觉得在描写上非常真实,尤其是经过部分爸爸和妈妈的语言特别逗。我从来没有想过自己的作文,会得到其他同学爸爸妈妈的喜欢。"

【同伴说】阅读了同伴发在公众号上的作文《教室里的掌声》后,他留言:"没想到你真的采纳了我的意见,在作文中把掌声带给同学的感受都写出来了,作文中的情感表达得更好了。"

【老师说】老师在教学反思中写道:"以往都是自己批改学生的作文,最担心的是那些作文中存在很大问题的学生,作文怎么办?手把手教吧,没有时间。现在有了清单的协助,学生知道自己哪里不足,应该往哪个方向去努力。"

【家长说】"作文写得好不好,凭感觉的多。有了清单,就能对号入座,不再瞎评了。不管是评价自己的孩子,还是别人家的孩子的作文,都有理有据了,感觉专业起来了。对孩子,对自己都是一种提升。"

这是评改过程开放后,带给学生不一样的评改视野。只有做到评改过程的开放,学生的写作才会有生命力。

2.学习策略渗透的指向性

学生在清单的协助下,通过思考、提问、探索开阔了视野,教师可以引导他们选择合适的写作方法并运用到对应的作文中去,使他们的思维和生活变得更精确。具体如图 18 所示。

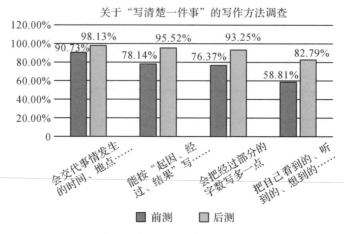

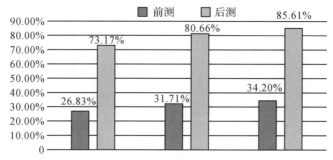

图18　进阶式习作检查清单运用中对写作方法、写作元认知的调查

从图18中可见，无论是学生的写作方法，还是写作共同体中的运用写作元认知策略方面，均有了较大的进步，学生的写作能力指向高阶。

(三)评改效果层面：优化的激励机制，实现共同大格局成长

以进阶式习作检查清单为媒介的评价实践探索，改变了以往以教师评价为主的评价方式，让学生、家长、教师共同参与到学生习作的评价中，优化了评价的激励机制。

1.写作评价转向系统性

根据每个习作的要求和学段的特点，设计出的进阶式习作检查清单，包含了习作星级、精彩之处、修改建议等内容，让同伴、家长和老师借助清单对学生的习作进行互评、参评、修改。这样的评价是与统编教材设置的能力点同步的，评价更显系统性，如图19所示。

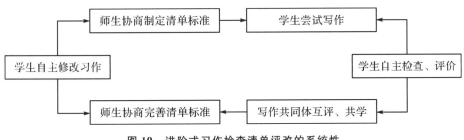

图19　进阶式习作检查清单评改的系统性

2.评价文化孕育共享性

进阶式习作检查清单的实施是开放的,也是严谨的。写作主题、写作目标、写作活动和持续性评价都有特定的内涵。该实验实施的前提是改进教师写作教学的实践。在写作课堂教学改进和写作课堂建设同步、学生个体改变和环境改造同步的过程中,在全员参与的学习中,评价的文化转向共学、共享。具体情况如表8所示。

表8　进阶式习作检查清单使用中"学生点评和提建议"的调查

对同伴的作文进行点评的态度	正强化		客观		负强化	
	实验前	实验后	实验前	实验后	实验前	实验后
	40.0%	66.7%	33.3%	40.7%	60.0%	32.8%
对同伴的作文提建议的态度	褒奖、鼓励		不表扬、不鼓励		固执、消极	
	实验前	实验后	实验前	实验后	实验前	实验后
	39.6%	86.5%	40.0%	23.4%	31.8%	12.5%

3.三位一体保持一致性

深度学习理念下的习作教学,强调的是"教—学—评"三位一体的系统性教学,是聚焦学生学习、成长的整体性教学。

通过引导学生借助进阶式习作检查清单,让他们逐步养成主动积累、运用、分享、反思、自改的习惯,使学生的书面表达、口语交际、解决问题的能力得以整体提高。多人在区级以上征文比赛中获奖。具体情况如表9所示。

表9　四年级实验班学生语文竞赛获奖情况

时间	颁奖单位	获奖类别
2019年9月	区教育局	韩×获区"我最喜爱的一本书"读书征文二等奖

续　表

时间	颁奖单位	获奖类别
2019 年 10 月	区教育局	韩××获区征文比赛二等奖
2019 年 11 月	区文联	何×的文章发表在《余杭文学》杂志上
2019 年 12 月	杭州市教育局	陈×获杭州市家风征文三等奖
2020 年 1 月	区青少年宫	韩××获区校园文学创作比赛三等奖
2020 年 2 月	新蕾出版社	方××的文章发表在《小学生作文》杂志上
2020 年 4 月	区青少年宫	韩××获区朗诵比赛一等奖
2020 年 5 月	区青少年宫	韩×获区家风演讲比赛三等奖
2020 年 3 月	余杭晨报	阚×的文章发表在《余杭晨报》上
2020 年 5 月	区青少年宫	汤××获区"童心童趣"儿童诗创作比赛三等奖
2020 年 6 月	新蕾出版社	黄×获童谣创作比赛一等奖

　　进阶式习作检查清单，以目标为导向，撬动学生的写作思维，反视自己的写作学习历程，评价自己的写作学习过程。同时，在写作共同体中同伴互评、师生互评、家校互评，使评价更具开放性，教、学、评保持一致，拓宽学生的写作视野，使其形成人生的大格局。

进阶式习作检查清单的引学样式

第 2 章

☆二年级上册语文园地三写话

我喜爱的玩具

一、学习目标

1.能在方格里写几句话来介绍自己最喜爱的玩具。
2.能正确、规范地使用标点符号。

二、引学过程

(一)"样子"练习

1.写之前和同学交流：

◇你最喜爱的玩具是什么？
◇它是什么样子的？

2.练习介绍：

介绍玩具的样子时，要学会按一定的顺序来介绍。

【先"整体"再"部分"】
　　可以先介绍洋娃娃的整体外形，再从上往下介绍它每个部分的样子。

我的洋娃娃外形非常可爱。它戴着一顶有格子的帽子,圆圆的脸蛋上忽闪着一双大大的眼睛。这双眼睛可灵活了,好像会说话一样。它梳着两根长辫子,一直拖到肩膀上。它穿着一条长裙子,胸口戴着一朵红色的小花。它的两只小手伸开着,似乎随时需要我的拥抱。

【先"整体"再"部分"】

可以先介绍玩具汽车的整体外形,再从上往下介绍它每个部分的样子。

		我	的	玩	具	汽	车	外	形	非	常
酷	。										

我最喜爱的玩具是_____

【先"整体"再"部分"】

可以先介绍自己最喜爱的玩具的整体外形,再按照一定的顺序介绍它每个部分的样子。

写好后,评一评,改一改。

wǒ xǐ ài de wán jù   xiě huà jiǎn chá qīng dān
《我喜爱的玩具》写话检查清单1

检查标准	自评	他评
néng àn zhào yí dìng de shùn xù bǎ zì jǐ xǐ ài de wán jù de yàng zi 能 按 照 一 定 的 顺 序 把 自 己 喜 爱 的 玩 具 的 样 子 xiě qīng chu 写 清 楚	☆☆☆	☆☆☆
néng bǎ huà xiě zài fāng gé lǐ 能 把 话 写 在 方 格 里	☆☆☆	☆☆☆
néng bǎ biāo diǎn fú hào zhàn yì gé 能 把 标 点 符 号 占 一 格	☆☆☆	☆☆☆

（二）"玩法"练习

介绍"玩法"时，要把好玩的地方写清楚。

 ⟶ 洋娃娃最好玩的地方是它的眼睛。它的眼睛会一张一闭。

　　洋娃娃玩起来特别有趣。我把它竖着抱起来，它的眼睛就睁得特别大。我把它横着抱，它的眼睛就会闭上，好像睡着了一样。一旦我把它再竖着抱起来，它的眼睛就又睁开了。晚上，我睡觉的时候，就把它放在我的枕头边，让它陪着我一起睡觉。它是我最好的朋友。

 玩具汽车最好玩的地方是……

		玩	具	汽	车	玩	起	来	很	有	趣。

我最喜爱的玩具是_____	→	它最好玩的地方是……

写好后,评一评,改一改。

wǒ xǐ ài de wán jù xiě huà jiǎn chá qīng dān
《我喜爱的玩具》写话检查清单2

检查标准	自评	他评
néng bǎ wán jù hǎo wán de dì fang xiě qīng chu 能把玩具好玩的地方写清楚	☆☆☆	☆☆☆
néng bǎ huà xiě zài fāng gé lǐ 能把话写在方格里	☆☆☆	☆☆☆
néng bǎ biāo diǎn fú hào zhàn yì gé 能把标点符号占一格	☆☆☆	☆☆☆

(三)全文练习

1.把自己写的关于玩具的"样子"和"好玩的地方"两段话,读一读,改一改。句子改通顺、完整之后,誊抄在方格纸上。

2.同学们可以交换玩具,写一写同学的玩具的"样子"和"好玩的地方"。

三、优秀写话

我喜爱的玩具	

我最喜爱的玩具是溜溜球。这个溜溜球是爸爸出差时给我带回来的。
 	
    溜溜球的外形特别酷。它由两个半圆形背靠背组合而成。正面红色的圆面上画着金色的陀螺纹路，背面是蓝色的，中间绑着一根很长的线。
 	
    溜溜球玩起来很有趣。我先把溜溜球上那根长线卷好，然后把溜溜球用力向下掷去，它就会往上溜起来，仿佛有一双手在推动着它。它转动时，球面上的陀螺纹就会旋转起来，好像一团团火焰。仔细听，还能听到"嗡嗡嗡"转动的声音。下课时，我们男生经常在一起比赛玩溜溜球，看谁的溜溜球溜得高，溜的时间长。
	从"整体"到"部分"介绍溜溜球的外形。
	
	抓住溜溜球"好玩的地方"进行介绍。

☆二年级上册语文园地四写话

留言条

一、学习目标

1.学写留言条,学会正确的格式。

2.能把事情说清楚、说明白。

二、引学过程

(一)集中练习

1.了解留言条的书写格式。

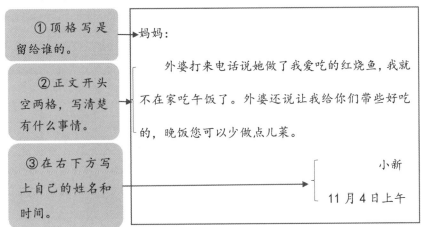

2.根据下面的情况,练习写一张留言条。

◇去办公室还书,老师不在。

				留	言	条				

3.写好后,与同学交换,读一读,评一评,改一改。

píng jià xiàng mù 评价项目	gé shì 格式			nèi róng 内容	jī chǔ 基础		
píng jià yāo qiú 评价要求	néng dǐng gé xiě liú gěi shuí de 能顶格写留给谁的	néng kōng liǎng gé xiě zhèng wén 能空两格写正文	néng zài yòu xià fāng xiě zì jǐ de míng zì hé shí jiān 能在右下方写自己的名字和时间	néng bǎ shì qíng xiě qīng chu 能把事情写清楚	biāo diǎn fú hào zhàn yì gé xiě 标点符号占一格写	méi yǒu cuò bié zì 没有错别字	jù zi tōng shùn wán zhěng 句子通顺、完整
zì píng 自评	☆☆☆	☆☆☆	☆☆☆	☆☆☆	☆☆☆	☆☆☆	☆☆☆
tā píng 他评	☆☆☆	☆☆☆	☆☆☆	☆☆☆	☆☆☆	☆☆☆	☆☆☆

(二)自由写

从下面选择一种情况,写一张留言条。

◇去小芳家里,通知她明天上午9:00到学校参加书法小组的活动,但是她家里没人。

◇告诉妈妈,你放学后去小红家写作业了。

三、优秀写话

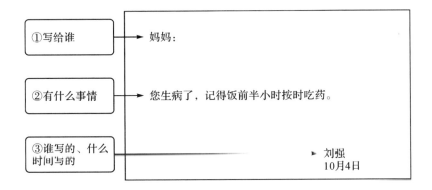

①写给谁	→	妈妈:
②有什么事情	→	您生病了，记得饭前半小时按时吃药。
③谁写的、什么 时间写的		▶ 刘强 10月4日

☆二年级上册语文园地七写话

老鼠遇见猫

一、学习目标

1.能结合提示观察图画。

2.能发挥想象编写童话故事。

二、引学过程

（一）观察练习

1.看看下面这幅图，图中小老鼠在干什么？

2.继续观察，图中电脑屏幕上出现了谁？

电脑屏幕上的这只大猫＿＿＿＿＿＿＿＿＿＿＿＿＿＿＿＿＿＿＿。

dèng dà le yǎn jing	lù chū fēng lì de yá chǐ	zī yá liě zuǐ	hú zi wǎng shàng qiào
瞪 大 了 眼 睛	露 出 锋 利 的 牙 齿	龇 牙 咧 嘴	胡 子 往 上 翘

3.观察小老鼠的表情,他看到屏幕上出现的猫时,有怎样的表现?

小老鼠吓得＿＿＿＿＿＿＿＿＿＿＿＿＿＿＿。

liǎn sè fā qīng	zhāng dà le zuǐ bā	hún shēn fā dǒu	lián lián hòu tuì
脸色发青	张大了嘴巴	浑身发抖	连连后退

4.根据"小老鼠在干什么"和"电脑屏幕上突然出现了谁"两个问题,写出一段话。

		夜	深	了	,	小	老	鼠	出	来	找
吃	的	。	他	爬	上	了	书	桌			

5.写好后,和同学交换自己写的故事,评一评,改一改。

《老鼠遇见猫》写话检查清单1

	检查标准	自评	他评
jī chǔ jí 基础级	néng xiě qīng chu xiǎo lǎo shǔ zài gàn shén me 能写清楚"小老鼠在干什么"	☆☆☆☆☆	☆☆☆☆☆
	néng xiě qīng chu diàn nǎo píng mù shàng tū rán chū 能写清楚"电脑屏幕上突然出 xiàn le shuí 现了谁"	☆☆☆☆☆	☆☆☆☆☆
tiǎo zhàn jí 挑战级	néng xiě qīng chu dà māo de biǎo qíng 能写清楚大猫的表情	☆☆☆☆☆	☆☆☆☆☆
	néng xiě qīng chu xiǎo lǎo shǔ de biǎo qíng 能写清楚小老鼠的表情	☆☆☆☆☆	☆☆☆☆☆

(二)想象练习

1.根据图画上的内容,想一想:接下来会怎样?

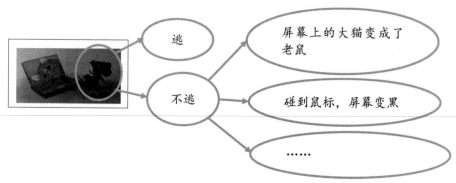

2.把"接下来会怎样",接着原先的故事往下写。

3.写好后,评一评,改一改。

《老鼠遇见猫》写话检查清单2

检查标准	自评	他评
néng zhǎn kāi xiǎng xiàng bǎ jiē xià lái huì zěn yàng xiě qīng chu 能　展　开　想　　象,把"接 下 来 会 怎 样"写 清 楚	☆☆☆☆☆	☆☆☆☆☆

三、优秀写话

老鼠遇见猫 　　夜深了,小老鼠出来找吃的。他爬上了一张书桌,上面有一台电脑。他的尾巴一不小心碰到了电脑的鼠标,电脑屏幕上突然出现了一只大猫。这只大猫瞪着铜铃似的两只眼睛,张大了嘴巴,露出锋利的牙齿,发出了"喵呜"一声。听到自己天敌的叫声,小老鼠吓得脸色发青,浑身发抖。他一屁股瘫坐在地上,哭着大喊:"妈妈,妈妈,快来救我呀!"这时,他不小心又碰到了鼠标,电脑屏幕上突然一片黑,大猫不见了。小老鼠凑到屏幕前看了看,松了一口气,逃回洞里去了。	大猫的表情从眼睛、嘴巴、牙齿等来写清楚。 　　通过对小老鼠的表情和语言的描写,写出他的害怕。 　　把故事的结局写清楚。

☆二年级下册语文园地二写话

我的好朋友

一、学习目标

1. 能从名字、外貌、交往情况等方面简单介绍自己的好朋友。
2. 能把话写通顺、写完整。

二、引学过程

(一)"样子"练习

照样子,抓住自己好朋友的外貌特征,写一写他(她)的样子。

好朋友的名字	长什么样
张池	◇他掉了一颗门牙。 ◇他的脸圆圆的,笑起来有个小酒窝。

(二)"交往"练习

照样子,写一写"你们经常一起做什么"。

好朋友的名字	我们经常一起做的事
张池	◇我们天天一起上学,一起回家。 ◇我们经常一起打乒乓球。

(三)全文练习

1.写一写自己的一个好朋友。向大家介绍一下：他是谁？他长什么样子？你们经常一起做什么？

2.写好后，可以和同学交换自己的作品，评一评，改一改。

《我的好朋友》写话检查清单

评价项目	内容		基础	
检查标准	能把好朋友的外貌特征写清楚	能把和好朋友经常一起做的事情写清楚	一段话前面空两格	标点符号占一格
自评	☆☆☆☆☆	☆☆☆☆☆	☆☆☆☆☆	☆☆☆☆☆
他评	☆☆☆☆☆	☆☆☆☆☆	☆☆☆☆☆	☆☆☆☆☆
互评修改建议				

三、优秀写话

我的好朋友	
我的好朋友叫小涵。她长着一双大眼睛，特别有神。一张樱桃小嘴，唱起歌来像百灵鸟。她扎着一根特别长的马尾辫，一直拖到屁股上。走路的时候，她的辫子一甩一甩的。	抓住了好朋友最鲜明的外貌特征。
我们经常一起打羽毛球。打球的时候，她就把辫子缠起来。她打球的技术特别好，近抽、远射、反手扣杀，都很拿手。上回，我们一起去参加了社区里的羽毛球比赛，她拿了第一名。我特别佩服她。	写清楚和好朋友经常一起做的运动。

☆二年级下册语文园地四写话

鸡蛋壳的一天

一、学习目标

1.能看懂图意,合理想象小动物们用鸡蛋壳做的事情。

2.能用表示时间的词语写一段完整的话。

二、引学过程

(一)单幅图练习

1.看图,说一说:图上画着谁? 他们用鸡蛋壳做了什么事?

【图1】

人物:小蚂蚁、小虫子、小蝴蝶

事情:玩跷跷板

2.围绕两个问题把图上的内容写下来,写的时候,可以用上表示时间的词语"早上"。

		早	上	,						

3.写好之后,与同学交换作品,评一评,改一改。

《鸡蛋壳的一天》第1幅图写话检查清单

检查标准	自评	他评
能写清楚图中的人物	☺☺☺☺☺	☺☺☺☺☺
能写清楚小动物们用鸡蛋壳做的事情	☺☺☺☺☺	☺☺☺☺☺

(二)多幅图练习

1.观察以下三幅图,说一说:小虫子、小蚂蚁和小蝴蝶接下来用鸡蛋壳做了哪些事情? 他们有什么有趣的经历?

【图2】

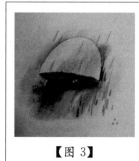
【图3】

【图4】

2.围绕问题把以上三幅图上的内容写下来。写的时候,可以用上表示时间的词语"过了一会儿""到了下午""天黑了"。

3.写好之后,与同学交换作品,评一评,改一改。

《鸡蛋壳的一天》第2~4幅图写话检查清单

检查标准	自评	他评
能写清楚小动物们用鸡蛋壳做的事情	☺☺☺☺☺	☺☺☺☺☺
能写清楚它们有趣的经历	☺☺☺☺☺	☺☺☺☺☺
能在每个自然段前面用上表示时间的词语	☺☺☺☺☺	☺☺☺☺☺

三、优秀写话

鸡蛋壳的一天 　　早上,小虫子、小蚂蚁和小蝴蝶在草丛中发现了一个鸡蛋壳。小虫子爬到鸡蛋壳上,想了想说:"我们用这个鸡蛋壳,做一个跷跷板吧!"小蚂蚁摆动触角,说:"好主意。"他们用鸡蛋壳当底座,做了一个跷跷板。小虫子和小蚂蚁爬到跷跷板上玩了起来。小蝴蝶扇动着翅膀,在一旁说:"这个跷跷板真有意思!" 　　过了一会儿,小蚂蚁望着天空中的云朵,心想:用鸡蛋壳做一个热气球,一定很有趣。他把想法告诉了小虫子和小蝴蝶。他们一起动手,做了一个热气球。他们和热气球一起飞上了天空。小蝴蝶一边扇动着翅膀,一边说:"你们也和我一样会飞啦!" 　　到了下午,天突然下起了大雨。小蝴蝶的翅膀都淋湿了,飞不了了。他哭着说:"怎么办?"小虫子灵机一动,说:"我们可以用鸡蛋壳做一间屋子,在里面躲雨。"他们都觉得这个主意很棒,就齐心协力动起了手。小屋子做好了,他们躲进了小屋子里。屋外下再大的雨,他们也不怕啦! 　　天黑了,三个小伙伴都玩累了。他们用鸡蛋壳做了一个摇篮,躺在里面舒舒服服地睡大觉了。天上的月亮婆婆还给他们唱《摇篮曲》呢。	写清楚小动物们用鸡蛋壳做的事情。 可以用语言、动作描写把经历写有趣。 用表示时间的词语串联故事。

☆二年级下册语文园地六写话

心中藏着的"问号"

一、学习目标

1.能用问句,把心中藏的"问号"写清楚。
2.能用不同形式的问句,表达对大自然、对生活的思考和疑问。

二、引学过程

(一)有"为什么"的问句练习

观察大自然,用有"为什么"的问句把心中的"问号"写出来。

【"为什么"在前面】
◇为什么星星会眨眼睛?
我来写:

_____

_____

_____

【"为什么"在中间】
◇树叶的形状为什么是各种各样的?
我来写:

_____

_____

_____

(二)没有"为什么"的问句练习

观察大自然或者我们身边的事物,用没有"为什么"的问句把心中的"问号"写出来。

【用"哪"来写问句】

◇下雨前蜘蛛逃到哪儿去了?

我来写:

_____

_____

_____

_____

【用"谁"来写问句】

◇是谁告诉蝉要下雨了?

我来写:

_____

_____

_____

_____

【用"怎么……呢?"来写问句】

◇石头上怎么会有贝壳呢?

我来写:

_____

_____

_____

_____

(三)"混合"问句练习

1.大自然真是奇妙啊!把自己心中藏着的"问号"写下来。

2.写好后,可以与同桌交换,互相读一读,评一评。

《心中的"问号"》写话检查清单 1

检查标准	能用问句把心中的"问号"表达出来	能照样子用多种形式写问句	能把问句写清楚、写通顺	标点符号使用正确
自评	○优秀　○良好 ○及格　○需努力	○优秀　○良好 ○及格　○需努力	○优秀　○良好 ○及格　○需努力	○优秀　○良好 ○及格　○需努力

《心中的"问号"》写话检查清单 2

检查标准	能用问句把心中的"问号"表达出来	能照样子用多种形式写问句	能把问句写清楚、写通顺	标点符号使用正确
他评	○优秀　○良好 ○及格　○需努力	○优秀　○良好 ○及格　○需努力	○优秀　○良好 ○及格　○需努力	○优秀　○良好 ○及格　○需努力
互评 修改建议				

3. 修改完后可以做成卡片，问问小伙伴是否知道答案。

三、优秀写话

心中的"问号"

大自然真是太奇妙了。我心中藏着很多的"问号"。

对风、云、雨、雪等的提问。

{ 为什么太阳是红通通的？
为什么月亮里会住着嫦娥、玉兔？
为什么春天的雨会像绣花针？

对植物的提问。

{ 小草为什么是绿的？
大树的树皮为什么都不一样？
花朵为什么都有不同的香味呢？

对动物的提问。

{ 大海里怎么会有各种各样的鱼类？
猴子的尾巴为什么会那样长？
是谁让长颈鹿的脖子变得那样长？

....

我的心里有好多好多的"问号"，说也说不完。

☆二年级下册语文园地七写话

养小动物

一、学习目标

1.能把养小动物的理由写清楚。

2.能有条理、完整地把理由写下来。

二、引学过程

(一)单条理由练习

如果可以养小动物,你想养什么? 请写出一条理由。

想养的小动物	理由
小狗	小狗很忠实,可以帮我们看家,当有陌生人来我们家时,它会"汪汪汪"大叫。如果遇上小偷,小狗可以帮我们抓坏人。

写的理由其实是小动物身上的优点。

(二)多条理由练习

1.自己想养小动物的理由,可以试着多写几条。(理由不要重复。)

想养的小动物： 小狗	想养的小动物：
理由1	小狗很忠实，可以帮我们看家，当有陌生人来我们家时，它会"汪汪汪"大叫。如果遇上小偷，小狗可以帮我们抓坏人。	
理由2	小狗嗅觉灵敏。如果我们家丢失了东西，可以让它帮忙去寻找。	
理由3	小狗很体贴人。每当我心情不好时，它会陪伴着我，寸步不离。	

2.写好的理由，可以读给同桌听一听，请他（她）评一评。

《养小动物》写话习作检查清单

检查标准	自评	他评
能把养小动物的理由写清楚	☆☆☆☆☆	☆☆☆☆☆
能有条理、完整地把理由写下来	☆☆☆☆☆	☆☆☆☆☆

三、优秀写话

我想养一只小乌龟	
如果可以养小动物，我想养一只小乌龟。 　　我想养它的第一条理由是小乌龟的寿命很长，可以活很久。我以前养的小金鱼，不到一个月就病死了。小乌龟却不一样，它的生命力很强。 　　第二条理由是我很喜欢小乌龟的性格。它的行动速度很慢，很像我。养一只小乌龟，我就像多了一个好朋友。 　　第三条理由是养小乌龟可以丰富我的课余生活。我学习累的时候，逗一逗小乌龟，就可以缓解我的疲劳。	把理由一条一条写下来。 　　每一条理由都可以与小乌龟的优点，以及能带给自己的快乐结合起来写。

☆三年级上册第一单元习作

猜猜他是谁

一、学习目标

1.能选择一两点印象深刻的地方,写几句话或一段话介绍自己的同学。

2.能注意写一段话时开头空两格。

二、引学过程

(一)分项练习

在进行《猜猜他是谁》习作前,同学们可以进行前置性的分项练习,例如开学第一天,可以描写新来同学的外貌;与同学相处了一段时间后,可以描写印象深刻的一位同学的性格;在班级活动中,可以去发现某位同学的优秀品质和爱好。

分项练习时,可以结合书中的范例来评价自己的达标情况。

他的头发又黑又硬,一根根向上竖立……	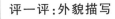	评一评:外貌描写

评一评:外貌描写

1.我能抓住人物外貌中与众不同的地方　　　　☆

2.我能选择能表现人物思想品质、精神风貌、个性特征、气质情感的外貌特征进行重点描写　　☆

3.我能缩小目标,具体描写最有特点的地方　　☆

他特别爱笑,一个小笑话就能让他笑个不停……

评一评:性格描写

1.我能抓住人物身上最突出的性格　　　　☆

2.我能举个小例子来展现人物的性格　　　　☆

3.我能通过人物的行为来表现人物的性格　　☆

他关心班里的每个人。有一次我数学没考好，心情不好，他主动来安慰我，还送给我一盒酸奶……

评一评：品质描写

1. 我能抓住人物身上最突出的品质 ☆

2. 我能通过一件具体的事来展现人物的品质 ☆

3. 我能把体现人物品质的这件事情写清楚 ☆

他酷爱踢足球，也喜欢跑步，经常能在操场上看到他奔跑的身影……

评一评：爱好描写

1. 我能抓住人物身上最主要、最能突出其特点的爱好 ☆

2. 我能通过一个个例子来写清人物的爱好 ☆

3. 我能描写人物身上积极向上的爱好 ☆

（二）综合练习

在分项练习之后，就可以选择一个同学，用几句话或一段话写一写他。写之前，想一想：你写的是谁？他有哪些特别的地方？请选择一两点写下来。

写的时候，不要在文中写出他的名字，但是要让别人读了你写的内容就能猜出你写的是谁。

写完后，可以玩一个"猜猜他是谁"的游戏。请你把习作读给同学听，看看他们能不能猜出你写的是谁。

《猜猜他是谁》习作检查清单

检查标准	自评	同伴评	师长评
写的时候，能注意开头要空两格	☆☆☆	☆☆☆	☆☆☆
能选择人物身上的一两个特点写下来	☆☆☆	☆☆☆	☆☆☆
能将人物的特点写清楚	☆☆☆	☆☆☆	☆☆☆
能让人猜出写的是谁	☆☆☆	☆☆☆	☆☆☆

三、优秀习作

猜猜他是谁	
他的个子在我们班是最高的,一双大长腿那是跑步健将的标配。他向前跨一步,我至少得跨两步。他不仅腿长,身体两侧的手臂也特别长。跑步时,手臂一摆动,长腿就跟着向前跑动,用"飞毛腿"来形容再合适不过了。	外貌描写抓住有特点的"大长腿"来写。
他爱踢足球,也喜欢跑步,经常能在操场上看到他奔跑的身影。他和几位同学组成了一支足球队,取名叫"雄鹰"队,意思是要像雄鹰一样搏击长空。他在足球队中是做前锋的,带球跑动的速度非常快,像一道闪电。上回,我们班和5班进行足球友谊赛,他在场上跑动活跃,同伴把球传给他之后,他立刻就带球往球门跑去,一位身形彪悍的对手挡住了他的去路,他一个假动作,闪过人群,直冲球门前沿,瞄准目标就是一脚远射。球进啦! 在他身上,我们看到了拼搏二字。	抓住"爱好"来具体写,写的时候举了一个足球比赛的例子。
他不仅擅长体育运动,还很乐于助人。记得那回第四节课是科学课,临近下课时,老师让我帮忙整理实验器材。我看着桌子上的一大堆玻璃器具,顿时傻了眼,喃喃自语道:"这得整理到什么时候呀?"这时,他看见了,走过来,对我说:"别急,我来帮你一起整理!"听到他说那句话,我心里暖暖的。整理的时候,我手上一滑,一根玻璃试管从我的手中掉落到地上,摔得粉碎。我马上吓得哭了起来。他安慰我:"没事的,我们向老师说明情况就好了。"说完,他去找扫帚,把地上的玻璃碴仔仔细细地扫干净。我看着他忙碌的身影,对他充满了感激。	抓住人物身上的优点来写,同样也用具体的例子来描写,这样这个人物就丰满了,有血有肉了。
请你猜猜他是谁!	

☆三年级上册第二单元习作

写日记

一、学习目标

1.能借助例文并结合生活经验,了解写日记的好处、日记可写的内容以及日记的基本格式。

2.能用日记记录自己的生活。

二、引学过程

(一)跟着例文写"牙齿"的故事

1.读例文,说说写日记有什么好处。

2.再读例文,说说日记里写了些什么。

3.继续读例文,说说日记的格式是怎样的。

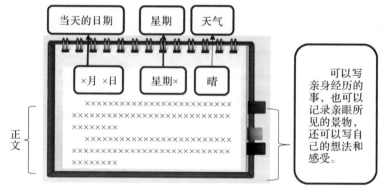

4.跟着书上的例文,写写自己身上发生的"牙齿"的故事,写好后评一评。

"写日记"习作检查清单 1

检查标准	自评		同伴评		老师评	
能把日记的格式写对,有当天的日期、星期、天气、正文	○优秀　○良好		○优秀　○良好		○优秀　○良好	
能把"牙齿"的故事写清楚	○优秀　○良好 ○及格　○需努力		○优秀　○良好 ○及格　○需努力		○优秀　○良好 ○及格　○需努力	

(二)用日记记录生活

把自己在生活中亲身经历的故事或者亲眼所见的景物在日记中记录下来,还可以写写自己的想法和感受。

写好后,可以把自己写的日记与同伴分享,并评一评谁的日记格式规范,谁的日记里的内容写得好。

也可以准备一个日记本,每天坚持写日记。坚持写下去,相信会有很大的收获。

"写日记"习作检查清单 2

检查标准	自评		同伴评		老师评	
能把日记的格式写对,有当天的日期、星期、天气、正文	○优秀　○良好		○优秀　○良好		○优秀　○良好	
能把日记的内容写清楚	○优秀　○良好 ○及格　○需努力		○优秀　○良好 ○及格　○需努力		○优秀　○良好 ○及格　○需努力	
能坚持写日记	○优秀　○良好		○优秀　○良好		○优秀　○良好	

三、优秀习作

12 月 16 日　星期四　雨	
前些日子,我正在家里写作业,写着写着,我的第一颗大门牙开始晃动了。我时不时地去摇动它,想让它加快掉落的速度。然而,这并没有什么用。 　　昨天,大门牙晃动得更厉害了,我开心极了,仿佛已经看到了我掉牙后笑起来露出小洞洞的可爱画面。我每天心里都乐呵呵的。	日记的格式规范。

今天早上，大门牙跟荡秋千似的，挂在我的牙床上。走路、说话的时候，大门牙就随着气流一起，荡啊荡，有趣极了。但也常常令我吃饭变得十分麻烦。

今天晚饭前，我又忍不住去晃动它，就一直用手指碰一下，两下，三下……牙齿就这样一直荡，一直晃，晃到吃晚饭了，"咯噔"一下，我的大门牙突然掉了。我兴奋得又蹦又跳。我的大门牙终于光荣地下岗了。

妈妈让我找一个干净的瓶子，把那颗顽固的大门牙装进瓶子里，放在枕头下。我问她："为什么要这样做？"她说："等晚上，你睡着的时候，牙仙子就会出现，她会把牙齿给你变回来的。"太好了，我希望牙仙子快点把我的大门牙变回来。

日记的内容记录了一件掉牙齿的事情。这样的事情来源于生活，真实、有意思。

写日记，就是这样把自己亲身经历的事情写下来。

☆三年级上册第三单元习作

我来编童话

一、学习目标

1. 能借助教材提示的内容,发挥想象,编写童话。

2. 能尝试运用改正、增补、删除的修改符号自主修改习作,初步形成修改习作的意识。

3. 能给习作加题目。

二、引学过程

(一)初试编故事

根据教材中提供的表示角色、时间、地点的词语,初步尝试用单个角色编故事。

· 国王有什么样的特点?

· 这个故事为什么发生在冬天和小河边?

· 国王在冬天和小河边做了什么事情?

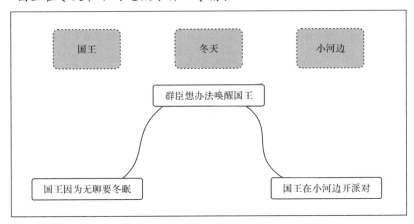

《我来编童话》习作检查清单 1

检查标准	自评	同伴评	老师评
能用"国王、冬天、小河边"编一个完整的故事	☆ ☆ ☆	☆ ☆ ☆	☆ ☆
能写清楚故事发生的时间	☆ ☆ ☆	☆ ☆ ☆	☆ ☆ ☆
能写清楚故事发生的地点	☆ ☆ ☆	☆ ☆ ☆	☆ ☆ ☆
能写清楚国王做的事情	☆ ☆ ☆	☆ ☆ ☆	☆ ☆ ☆

（二）精进编故事

根据教材中提供的表示角色、时间、地点的词语，用多个角色（可以从教材中任选几个，也可以添加自己喜欢的其他角色）来编故事。编好故事后，尝试用改正、增补、删除的修改符号修改自己的作文。

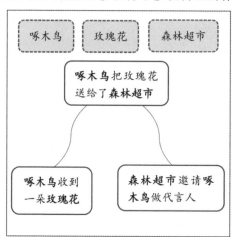

（任选教材中两个角色编故事）　　　（添加自己喜欢的角色）

《我来编童话》习作检查清单 2

检查标准	自评	同伴评	老师评
能借助教材中提示的内容，编写童话故事	☆ ☆ ☆	☆ ☆ ☆	☆ ☆ ☆
能展开想象，把故事写清楚	☆ ☆ ☆	☆ ☆ ☆	☆ ☆ ☆
能尝试用改正、增补、删除的修改符号修改作文	☆ ☆ ☆	☆ ☆ ☆	☆ ☆ ☆

三、优秀习作

失业的啄木鸟 "嘟嘟嘟，嘟嘟嘟"啄木鸟做梦都在给森林里的大树们治病。可是当他睁开眼睛，他就叹气了："最近好像大树们都不需要我了，它们都很健康。我是不是要失业啦？" 　　啄木鸟闷闷不乐地朝森林里最大的一棵树飞去。他记得一年前，这棵大树被虫子蛀了，是他第一时间赶到，捉住了害虫。今天，他想去看一看。 　　还没有飞到，就看到大树下面站着一个人。他正在对着大树喷洒药水。啄木鸟立刻飞上去，阻止道："停下——停下——这里禁止使用药水——"那人放下手中的喷壶，说道："你好，啄木鸟！我是这里的护林员。你放心，这不是药水，是生态营养液，不会对大树造成伤害的。"啄木鸟一听，这才放下了心。他抖抖身上的羽毛，说："这棵大树没有虫子的入侵，长得真好，看来不需要我了。"护林员看到啄木鸟垂头丧气的样子，说："现在科技发达，我们可以用最先进的技术来管理这片森林了。但是你可以做网络主播，向大家宣传这片森林呀。"啄木鸟扇扇翅膀，说："网络主播是干什么的？"护林员说："就是在镜头前给大家介绍森林的。我觉得你是最合适的。"啄木鸟环顾四周，说："我能行吗？"护林员说："我和你一起来当主播，一起宣传我们的森林！" 　　啄木鸟伸长嘴巴，"嘟嘟嘟，嘟嘟嘟"啄了几下，高兴极了。	能用提供的词语来创编故事。 展开想象，让故事中的角色张口"说话"。 故事有起因，有经过，也有结果，清清楚楚。

☆三年级上册第四单元习作

续写故事

一、学习目标

1. 能根据插图和提示续写故事,把故事写完整。

2. 能运用改正、增补、删除的修改符号,修改有明显错误的内容。

二、引学过程

(一)集中练习

1. 学生依次观察三幅图和泡泡中提示的内容。观察完后,简单地说一说故事的内容。

2. 从多个角度来合理推测第 4 幅图中将发生的事情。

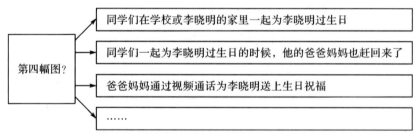

第四幅图? → 同学们在学校或李晓明的家里一起为李晓明过生日

→ 同学们一起为李晓明过生日的时候, 他的爸爸妈妈也赶回来了

→ 爸爸妈妈通过视频通话为李晓明送上生日祝福

→ ……

3. 续写故事,并评价。

"续写故事"习作检查清单 1

检查标准	自评	同伴评	老师评
能根据插图,合理推测第四幅图中李晓明过生日的情况	☆☆☆	☆☆☆	☆☆☆
能把"接下来会发生什么"写清楚	☆☆☆	☆☆☆	☆☆☆

续 表

检查标准	自评	同伴评	老师评
续写的内容能反映同学之间的友谊,或者班集体的温暖,或者爸爸妈妈的关爱	☆☆☆	☆☆☆	☆☆☆
小声地读一遍续写的内容,能用改正、增补、删除的修改符号修改有错误的地方	☆☆☆	☆☆☆	☆☆☆

(二)综合练习

1.选择其中一组图画进行续写。先依次观察多幅图画,了解故事的内容,再选择最佳的角度,进行合理的续写。

2.写完以后,小声地读一读自己续写的故事,用改正、增补、删除的修改符号修改有明显错误的地方。修改好后,可以和同伴一起分享续写的故事。

"续写故事"习作检查清单 2

检查标准	自评	同伴评	老师评
能根据插图,合理推测第四幅图的内容	☆☆☆	☆☆☆	☆☆☆
能把"接下来会发生什么"写清楚	☆☆☆	☆☆☆	☆☆☆
续写的内容能反映人物(动物)的好品质	☆☆☆	☆☆☆	☆☆☆
小声地读一遍续写的内容,能用改正、增补、删除的修改符号修改有错误的地方	☆☆☆	☆☆☆	☆☆☆

三、优秀习作

续写《难忘的生日》	续写的开头承接前几幅图的内容。
今天是李晓明的生日。他的爸爸妈妈在外地工作,所以我和五名同学提前商量好了,打算去他家,给他一个惊喜。	
一到李晓明家,开门的是她的奶奶。见我们来,他们一下子高兴极了。来到里屋,李晓明正在写作业。我走上前,对他说:"你忘了今天是什么日子了吗?"他摸着头,不明所以。我们异口同声地说:"是你的生日呀!"他奶奶站在一旁,说:"对,对,对,今天是我们晓明的生日。"	把如何给李晓明过生日的内容写清楚。
我捧出生日蛋糕,放在他面前,说:"这是我们六个人用零花钱给你买的生日蛋糕,希望你喜欢。"李晓明打开蛋糕盒,看到上面写着"生日快乐"四个字,眼眶湿润了。他含着泪,对我们说:"谢谢大家!"	
我对他说:"点上蜡烛,许个心愿吧!"在烛光中,我们唱起了《生日歌》:"祝你生日快乐——祝你生日快乐——祝你生日快乐——祝你生日快乐——"李晓明闭上了眼睛,许了一个愿。要吹蜡烛了,他对我们说:"大家和我一起来吹吧!"我们相视一笑,说:"好!"	
李晓明看了看我们,说:"有你们在,我觉得这个生日是最难忘的。"我说:"虽然你的爸爸妈妈不在你身边,但是以后的生日,我们都会陪你过。"他又哭了。大家忙说:"别哭了,吃蛋糕,吃蛋糕!"	把人物的语言写好,是能给续写的故事加分的。
这时,她奶奶递过来一部手机,说:"晓明,你爸爸妈妈来电话了!"他接过手机,对着电话那端的爸爸妈妈说:"今天同学们来我们家给我过生日啦!"我们都沉浸在他的幸福之中……	

☆三年级上册第五单元习作

我们眼中的缤纷世界

一、学习目标

1.能了解作者是怎样观察的,进一步体会作者观察的细致。

2.能继续仔细观察一种动物、植物或一处场景,把观察所得写下来。

3.能展示观察所得,与同伴分享自己的观察感受。

二、引学过程

(一)从习作例文《我爱故乡的杨梅》学写一种事物

1.阅读习作例文《我爱故乡的杨梅》,模仿作者仔细观察一种事物的外形、颜色、味道,把这种事物的特点写清楚、写具体。

事　物	特　点
外　形	
颜　色	
味　道	

2.写完后,评一评,改一改。

《我们眼中的缤纷世界》检查清单 1

检查标准	自评	同伴评	老师评
能细致地观察一种事物在外形、颜色、味道上的特点	♡♡♡	♡♡♡	♡♡♡
能把这种事物的变化观察仔细	♡♡♡	♡♡♡	♡♡♡
能把这种事物的味道写得具体可感	♡♡♡	♡♡♡	♡♡♡

(二)自主写自己眼中的缤纷世界

1.请细致地观察身边的一种事物或一处场景,选择印象最深的写下来。

2.写完后,把自己认为写得好的部分读给小组同学听,展示自己的观察所得。

《我们眼中的缤纷世界》检查清单 2

检查标准	自评	同伴评	老师评
能细致地观察一种事物或一处场景	♡♡♡	♡♡♡	♡♡♡
能把观察时令你印象最深刻的部分写清楚	♡♡♡	♡♡♡	♡♡♡
写完后,能把自己认为写得好的部分读给小组同学听,并及时修改	♡♡♡	♡♡♡	♡♡♡
交流完后,能试着用一句话说说最近的观察感受,和同学分享心得	♡♡♡	♡♡♡	♡♡♡

三、优秀习作

我爱家乡的砂糖橘 我的家乡在西林,我爱家乡的砂糖橘。 经过一次次春雨的滋润,橘树在五月初开出一朵朵小花。花朵儿娇小,洁白无瑕,在绿叶丛中闪闪烁烁,花香淡雅,飘满了整片山,整座村。 到了六月,白花凋零,随之从片片绿叶中探出一个个绿莹莹的、圆溜溜的小脑袋。不久,小脑袋变大了,换上了一身光亮的、金灿灿的衣服,像一颗颗黄色的宝石,闪闪发光。你看,有的砂糖橘藏在绿叶丛中,就像害羞的小姑娘,红着脸躲躲闪闪;有的这里一簇,那儿一堆,好像小伙伴们在捉迷藏;还有的砂糖橘吊在树枝上,压弯了树枝,就像在准备庆祝这丰收年。 远处传来爽朗的欢笑声。哦,那是农民伯伯来采摘砂糖橘啦! 他们看着满树的砂糖橘乐得合不拢嘴。他们赶忙拿起剪刀把一个个金黄色的果子剪下来,放到竹筐里。虽然他们已经忙得满头大汗,但是脸上依然挂着甜美的笑容。	作者对砂糖橘的外形、颜色观察得真仔细啊!

我们轻轻地剥开砂糖橘薄薄的皮,里面的橘瓣就露了出来,砂糖橘的果肉是橘红色的。一片果肉就像一个小月牙,十几片果肉合起来就像几个兄弟姐妹紧紧团结在一起。掰下一片果肉吃了下去,啊! 果汁溢满嘴巴,果香沁人心脾,吃起来甜到心里。 　　砂糖橘不仅好吃,还很有营养。它的皮可以治病,橘络可以治高血压,果肉可以美容养颜。 　　啊! 我爱家乡的砂糖橘。	作者把砂糖橘的果肉形状、颜色、味道写得具体可感。

☆三年级上册第六单元习作

这儿真美

一、学习目标

1.能仔细观察一处景物,围绕一个意思用一段话写下来,并能主动运用平时积累的描写景物的词语。

2.能自己改正错别字,并乐于和同伴分享观察到的美景。

二、引学过程

(一)统一练习

1.仔细观察学校操场后面的小花园,看看这个地方有些什么,是什么样子的。

2.试着运用从课文中学到的方法,围绕一个意思来写。

操场后面的小花园真美

春天,让我们走进操场后面的小花园,那里可真美啊!

一走进小花园,我就被眼前大片大片的花儿吸引住了。桃花笑红了脸,迎春花欣然怒放。满树的樱花开了,白的像雪,粉的像霞。花瓣在风中舞蹈,让你想起古诗中写的"记得花开雪满枝,和蜂和蝶带花移。"

下课后,同学们在小花园里散步、看书。他们捡起一片片掉落在草丛中的花瓣。有的同学闻了又闻,将花瓣向空中抛去,像下了一场花瓣雨。有的同学把花瓣放进口袋里,珍藏起来。还有的同学把花瓣夹进书里,让书带着春天的芬芳。

花间蜜蜂飞舞,同学欢笑。我爱这操场后面的小花园。

选择有代表性的花儿,写清楚花朵在颜色、形态上的美。

景物的美,可能人人都会看到。而人物活动的美,是需要细心观察才能发现的。

《这儿真美》检查清单 1

检查标准	自评	同伴评	老师评
能围绕"操场后面的小花园真美"来写	✿✿✿	✿✿✿	✿✿✿
能写清楚操场后面小花园里的景物	✿✿✿	✿✿✿	✿✿✿
能写清楚景物的样子（颜色、形态）	✿✿✿	✿✿✿	✿✿✿

（二）自主写作

1.可以写教材中提供的内容，也可以自己拟定要写的内容，围绕一个意思来写。

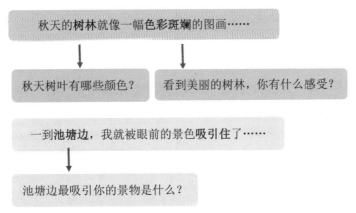

2.可以试着用上这学期新学的词语。

3.写好后自己读一读，改正错别字。然后读给同学听，和同学分享自己发现的美景。

《这儿真美》检查清单 2

检查标准	自评	同伴评	老师评
能围绕一个意思来写	✿✿✿	✿✿✿	✿✿✿
能写清楚这个地方有些什么，是什么样子的	✿✿✿	✿✿✿	✿✿✿
能用上这个学期新学的词语	✿✿✿	✿✿✿	✿✿✿
能在写好后自己读一读习作，改正错别字	✿✿✿	✿✿✿	✿✿✿
能主动地读给同学听，和同学分享自己发现的美景	✿✿✿	✿✿✿	✿✿✿

三、优秀习作

池塘真美 一到池塘边，我就被眼前的景象吸引住了。 　　池塘里的荷花真美。碧绿的荷叶像一个个大圆盘。洁白的荷花从这些大圆盘之间冒出来。粉红色的荷花一朵比一朵娇艳，时而有小蜻蜓停在花朵上，给荷花增添了无穷的乐趣，真是"接天莲叶无穷碧，映日荷花别样红"啊！ 　　池塘里的水也很美。水，碧绿碧绿的，像一块翡翠。水边的苇草都得意地欣赏着自己的倒影。掬起一捧水，一股清凉的感觉顿时沁人心脾。 　　池塘里的鱼儿成群结队，在水草间穿梭。有的全身通红，头上长着一簇红缨；有的黑里透亮，一双眼睛滴溜溜地转着；还有的全身雪白，是水中的精灵。走近池塘，时不时能听见青蛙的叫声，一声响似一声，好像是在跟游客比谁的嗓门大。它们自由自在地生活在池塘里，享受着这份闲逸。 　　这么美的池塘，真希望大家好好地保护它。	能围绕池塘荷花的美这个中心意思来写。 　　作者由远及近地观察池塘里的花、水、鱼儿，言之有序，描写生动。

☆三年级上册第七单元习作

我有一个想法

一、学习目标

1.能清楚地写下生活中的某种现象及自己对此的想法。
2.能主动用书面的方式与别人交流想法。

二、引学过程

(一)当堂练习

1.自己仔细研读书上的 2 个范例,了解写法。

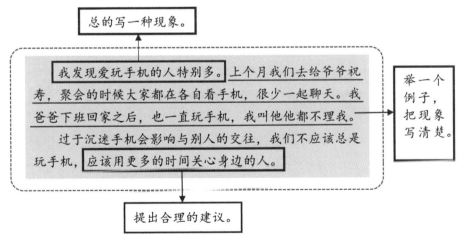

总的写一种现象。

我发现爱玩手机的人特别多。上个月我们去给爷爷祝寿,聚会的时候大家都在各自看手机,很少一起聊天。我爸爸下班回家之后,也一直玩手机,我叫他他都不理我。

过于沉迷手机会影响与别人的交往,我们不应该总是玩手机,应该用更多的时间关心身边的人。

举一个例子,把现象写清楚。

提出合理的建议。

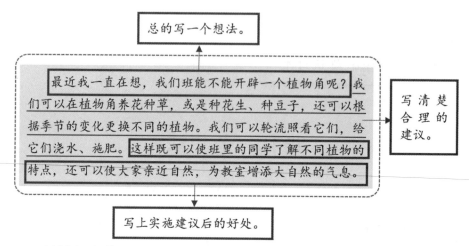

总的写一个想法。

最近我一直在想，我们班能不能开辟一个植物角呢？我们可以在植物角养花种草，或是种花生、种豆子，还可以根据季节的变化更换不同的植物。我们可以轮流照看它们，给它们浇水、施肥。这样既可以使班里的同学了解不同植物的特点，还可以使大家亲近自然，为教室增添大自然的气息。

写清楚合理的建议。

写上实施建议后的好处。

2.回顾生活，你发现了哪些现象或问题？你对这些现象有什么想法？

3.以"光盘行动"为例写一写现象引发的想法。写好后，评一评。

《我有一个想法》检查清单1

检查标准	自评	同伴评	老师评
能清楚地提出"光盘行动"的想法	☆☆☆	☆☆☆	☆☆☆
能把改进的建议写清楚	☆☆☆	☆☆☆	☆☆☆
能采用"总起—分述"的结构来写	☆☆☆	☆☆☆	☆☆☆

（二）自主练习

1.针对生活中发现的其他现象或问题，选择一个写一写。

2.写的时候，要把这种现象和自己的想法写清楚。如果有改进的办法或建议，也可以写下来。

3.写好以后读给同学听，看看他是否明白你的想法，再问问他对这个问题有什么看法。

《我有一个想法》检查清单2

检查标准	自评	同伴评	老师评
能把这种现象和自己的想法写清楚	☆☆☆☆☆	☆☆☆☆☆	☆☆☆☆☆
能把改进的建议写清楚	☆☆☆☆☆	☆☆☆☆☆	☆☆☆☆☆
能采用"总起—分述"的结构来写	☆☆☆☆☆	☆☆☆☆☆	☆☆☆☆☆
能与同伴分享自己的习作，探讨对这个问题的看法	☆☆☆☆☆	☆☆☆☆☆	☆☆☆☆☆

三、优秀习作

我有一个想法	
我发现食堂里浪费粮食的人特别多。前天,学校里吃水煮虾,很多同学嫌弃虾有腥味,没吃几口,就把虾和饭都倒了。假设每人浪费约 100 克饭食,全班 50 个人就是 5000 克,全校 1500 人,就是 150000 克,约等于 0.15 吨。一餐如此,一个星期下来,就是 0.75 吨。这样的浪费数量,可以够 297 人吃一年的。	用具体的数据、事例来描述生活中的浪费现象。
对于浪费粮食的现象,我们提出以下建议:1. 不攀比,以节约为荣、浪费为耻。2. 盛饭要适量,吃多少盛多少,避免浪费,倡导光盘。3. 提倡饮食均衡,不偏食,不挑食。4. 跟随家长到饭店吃饭时,点菜要适量,若有剩余的要打包带回家。5. 积极监督身边的亲人和朋友,及时制止浪费粮食的现象。	切实可行的建议,能带给读者以思考和启发。

☆三年级上册第八单元习作

那次玩得真高兴

一、学习目标

1.能简单地写一次玩的过程,表达出当时快乐的心情,正确使用标点符号。

2.能和同伴交流习作,修改同学看不明白的地方。

二、引学过程

(一)当堂练习

1.老师组织大家玩"顶气球"的游戏,注意观察大家是怎么玩的。

2.老师把大家玩的过程用手机拍摄下来,帮助大家回忆。大家在观看视频或者照片时,关注"顶气球"时的动作。

3.尝试写"顶气球"的游戏,写好后评一评。

《那次玩得真高兴》检查标准1

检查标准	自评	同伴评
能把顶气球的过程写清楚	☺☺☺	☺☺☺
能准确地描写出"顶气球"游戏的玩法	☺☺☺	☺☺☺

4.重点点评写玩"顶气球"时动作的内容,将写得不清楚的动作,修改得更准确。

(二)自主写作

1.你平时喜欢玩什么? 哪次游戏让你玩得特别开心、印象特别深刻?

2.回忆一下,你当时是怎么玩的,玩的心情怎样。把你玩的过程像放电影一样在脑海里回想一遍,然后写下来。

3.写好后,评一评。

《那次玩得真高兴》检查标准 2

检查标准	自评	同伴评	老师评
能把玩的过程写清楚	☺☺☺	☺☺☺	☺☺☺
能用准确的动作描写出玩法	☺☺☺	☺☺☺	☺☺☺
能在描写的内容中表达出当时快乐的心情	☺☺☺	☺☺☺	☺☺☺
能用修改符号修改写得不通顺、不明白的地方	☺☺☺	☺☺☺	☺☺☺

三、优秀习作

顶气球

"顶,顶,顶,我顶顶顶!"语文课上,我们举行了一场妙趣横生的顶气球大赛,玩得真高兴啊!

老师把我们班分成两队比赛,我被分到了第一队。她对我们说:"大家得用自己的头去顶气球,不让气球掉下来,哪个队伍坚持的时间最长,就算赢。"我当然想我们队赢喽,于是卷起衣袖,跃跃欲试。

老师轻轻地举起吹好的红气球,往高处一抛,红气球就慢悠悠地飘了起来。两支队伍的队员都望着气球。幸运的是气球向我们队这边飘过来了。只见,我前面的小高同学双手支撑住桌子,踮起脚尖,双脚一蹬,像只小青蛙一样用头顶了气球。他把气球往我这边传。

写同伴顶气球的动作。

可是,气球飘得好高,我的个子太矮了,伸出头去顶,落了个空。我暗暗对自己说:"别急,再等等。"我紧紧地盯着红气球,看它慢悠悠地朝我这边靠过来。对于我来说,这简直就是一只快到嘴边的煮熟的鸭子。我抓住机会,敏捷地扑过去,瞄准气球的落点,像海狮顶球一样,来了一个"海底捞月",用我的脑袋将气球尽力往高处顶去。

写自己顶气球的动作。

"咚"一声,气球真的被我救起来了。直接向对方那边飘去,对方没有接住,我们队获胜。我们高兴得要飞起来了,欢呼道:"太棒啦!"

☆三年级下册第一单元习作

我的植物朋友

一、学习目标

1.观察一种植物,做简单的记录卡。

2.能借助记录卡,写清楚植物的样子、颜色等,并写出自己的感受。

二、引学过程

(一)分项练习

1.观察一种花朵。观察完后,模仿教材中"桃花"的记录卡,从名称、样子、颜色、气味及其他方面制作"花朵"的植物记录卡。

名称:蜡梅

样子:有的才展开两三片花瓣儿,有的花瓣儿全展开了,还有的是含苞待放的花骨朵儿。

颜色:花黄似蜡

气味:浓香袭人

其他:蜡梅坚强的品格。

2.借助所写的记录卡,写一写这种花。写之前可以再去观察一下,看一看,摸一摸,闻一闻……也许你会有新的发现。

3.写的时候,试着把自己观察到的和感受到的写清楚。

4.围绕写作要求,评一评,改一改。

《我的植物朋友》习作检查清单 1

检查标准	自评	同伴评	师长评
能把观察到的花朵的样子、颜色,闻到的气味等方面写清楚	❈❈❈	❈❈❈	❈❈❈
能把观察到的,结合感受来写	❈❈❈	❈❈❈	❈❈❈

(二)综合练习

1.观察一种春天的植物,先为这种植物做一张记录卡,再借助记录卡,写一写自己眼中的植物朋友。

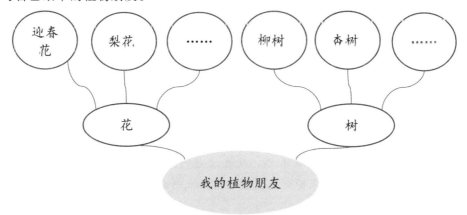

2.写完后,把自己的习作读给同学听。写同一种植物的同学还可以一起交流。

《我的植物朋友》习作检查清单 2

检查标准	自评	同伴评	师长评
能从样子、颜色、气味等方面来描写	❈❈❈	❈❈❈	❈❈❈
能把观察到的,结合感受到的写清楚	❈❈❈	❈❈❈	❈❈❈
能把自己的习作读给同学听	❈❈❈	❈❈❈	❈❈❈

三、优秀习作

我的植物朋友——蜡梅 每个人都有自己喜欢的花,而我最喜欢的花是蜡梅。 在我们教室对面的花坛里,生长着一株蜡梅。隆冬时节,蜡梅悄悄地开放了。 蜡梅花的形态各异,有的才展开两三片花瓣儿,有的花瓣儿全展开了,有的还是含苞待放的花骨朵儿,看起来饱胀得马上要破裂似的。 "一种幽素姿,凌寒为谁展。似嫌冰雪清,故作黄金浅。"人人都会被这一抹明亮的娇黄瞬间点亮眼球。 盛开的蜡梅散发着淡淡的幽香,使人心旷神怡。闭上眼,仿佛整个身体浸泡在花香之中。 我喜欢蜡梅的与众不同,因为整个冬天,所有的花都脱去了华丽的衣裳,而蜡梅却傲然地盛开着自己美丽的花朵,它顽强的生命力让我赞叹不已。我喜欢它的高贵,喜欢它的淡雅,更喜欢它耐寒的毅力!这不禁让我想到一句诗:"墙角数枝梅,凌寒独自开。" 啊!这美丽的蜡梅使我陶醉,我爱我的植物朋友!	把蜡梅花的样子写清楚了。 把蜡梅花的颜色写清楚了。 把蜡梅花的气味写清楚了。 还可以描写花朵身上代表的品格,融入自己的感受。

☆三年级下册第二单元习作

看图画,写一写

一、学习目标

1.能按一定的顺序观察图画,展开想象。

2.能把自己看到的、想到的写清楚。

3.能与同学分享习作,并能根据同学的意见修改习作。

二、引学过程

(一)规定练习

1.观察教材中的图画,边观察边思考。

①先进行整体观察,边观察边想:图画上有哪些人? 他们在干什么?

②再进行由近及远"1 变 3"观察,重点观察三个局部。

③他们的动作又是怎样的?

②他的动作是怎样的? 他可能会说些什么?

①他们的动作是怎样的? 他们可能会说些什么?

2.将观察到的图画中的内容写下来,写的时候把自己看到的、想到的写清楚。

《观察图画》习作检查清单1

检查标准	自评	同伴评	老师评
能按由近及远的顺序观察图画	☆☆☆	☆☆☆	☆☆☆
能写清楚图画中有哪些人	☆☆☆	☆☆☆	☆☆☆
能写清楚图画中的人物在干什么,他们的动作是怎样的	☆☆☆	☆☆☆	☆☆☆
能写清楚图画中人物说的话	☆☆☆	☆☆☆	☆☆☆
习作中没有错别字	☆☆☆	☆☆☆	☆☆☆

(二)延伸练习

1.请你挑选其中的一幅图画写一段话,把这幅图画的内容介绍给大家。写之前,先有顺序地观察图画,想一想:

◇图画上有哪些人? 他们在什么?

◇他们的动作分别是怎样的? 他们可能说了哪些话?

2.写的时候,要把自己看到的、想到的写清楚。

3.写完后,跟同学交换习作读一读,互相评一评。

《观察图画》习作检查清单2

检查标准	自评	同伴评	老师评
能按由近及远的顺序观察图画	☆☆☆	☆☆☆	☆☆☆
能写清楚图画中有哪些人,他们在干什么	☆☆☆	☆☆☆	☆☆☆
能写清楚图画中人物的动作	☆☆☆	☆☆☆	☆☆☆
能写清楚图画中人物说的话	☆☆☆	☆☆☆	☆☆☆
习作中没有错别字	☆☆☆	☆☆☆	☆☆☆

三、优秀习作

放风筝 　　古诗里说"草长莺飞二月天，拂堤杨柳醉春烟"，阳光明媚的春日是放风筝的好时节。 　　星期天，小明、小红、小刚相约去公园的草地上放风筝。小明对小刚说："我们就在这片空地上放风筝吧！"小刚点点头，说："好的。"<u>他高高地举起了燕子风筝，小明牵着线，迎着风跑了起来。</u> 　　小明拉着线在前面跑，边跑边回头看，说："小刚，快跟上，现在风正好，松手——"小刚默契地大喊一声："好嘞——"在一旁的小红也拿着蝴蝶风筝跟着他们一起跑。只见燕子风筝慢慢地升上天空，小明拽着风筝线，一拉，风筝升得更高了，直上云霄。<u>小刚高兴地说："我们放成功啦！"小红望着空中的风筝，再看看自己手里的风筝，说道："我们再把这蝴蝶风筝也放上去吧！"小明说："好主意！"</u> 　　此时，天空中满是风筝。有金鱼风筝，有蜈蚣风筝，还有老鹰风筝。<u>天上风筝飞，地上人儿追，好一派"忙趁东风放纸鸢"的景象啊！</u>	描写放风筝的动作。 　　描写人物之间的语言。 　　描写自己的感受。

☆三年级下册第四单元习作

我做了一项小实验

一、学习目标

1.能借助图表记录自己做过的一项小实验，能按顺序将实验过程写清楚。

2.能根据要求与同学互评习作，并尝试用修改符号修改自己的习作。

二、引学过程

（一）重点练习

1.借助教材中的图表，整理自己做过的小实验的主要信息。

> • 实验名称：水果电池
> • 实验准备：一个橙子、一个二极管、三根双 U 型导线、两根单头鳄鱼夹导线、四块铜片、四块锌片
> • 实验过程：
> 第一步：把橙子切成四等份，在每片橙子上插入一块铜片和一块锌片
> 第二步：把它们全部串联起来
> 第三步：用鳄鱼夹各夹住一根二极管的脚
> ……
> • 实验结果：二极管亮了，水果电池做成功了。

一步一步写清楚实验的过程

2.尝试着用"先……接着……然后……最后……"把实验的过程说清楚。

> 我先把橙子切成四等份，接着在每片橙子上插入一块铜片和一块锌片。然后把它们全部串联起来，最后用鳄鱼夹各夹住一根二极管的脚。

3.梳理完后,可以将实验过程中获得的认识、产生的疑问和想法,标注在记录单上。

> • 实验过程:
> 第一步: 把橙子切成四等份, 在每片橙子上插入一块铜片和一块锌片
> 第二步: 把它们全部串联起来
> 第三步: 用鳄鱼夹各夹住一根二极管的脚
> ……

> 起先发现二极管没有亮。原来是双 U 型导线没有接好。
> 第二回发现二极管还是没有亮,原来是二极管的脚夹错了。

4.把实验的过程写清楚,写好后评一评。

《我做了一项小实验》习作检查清单 1

检查标准	自评			同伴评			老师评		
是否按顺序把实验过程写清楚了	○A	○B	○C	○A	○B	○C	○A	○B	○C
是否能用上"先……接着……然后……最后……"	○A	○B	○C	○A	○B	○C	○A	○B	○C

5.针对评改结果,修改自己的习作。

(二)完成习作

1.把实验的过程修改清楚之后,尝试加上自己做实验时的心情、实验中的有趣发现等。

> 做"水果电池"小实验时的心情:
> • "咦? 可是二极管并没有亮呀! 这是怎么回事呢?"我的心情一下子跌到了谷底。
> • 我满心期待着二极管能亮,可是它一点动静都没有,失落感袭上了我的心头。
> • "耶,耶!"我不禁欢呼起来,"水果电池实验成功啦!"
>
> 做"水果电池"小实验的有趣发现:
> 　　水果电池的原理就是电池的原理,水果中的酸性汁液相当于电解质溶液,铜片和锌片插入水果中,两块金属片在电解液中发生了氧化和还原反应,产生电流。较活泼的铜片为正极,不活泼的锌片为负极,正是这个化学能的差转换成了电能。

2.写完后,和同伴交换着读一读,再评一评。

《我做了一项小实验》习作检查清单 2

检查标准	自评			同伴评			老师评		
是否按顺序把实验过程修改清楚了	○A	○B	○C	○A	○B	○C	○A	○B	○C
是否用上了"先……接着……然后……最后……"	○A	○B	○C	○A	○B	○C	○A	○B	○C
是否能写一写自己做实验时的心情	○A	○B	○C	○A	○B	○C	○A	○B	○C
是否能写一写实验中的有趣发现	○A	○B	○C	○A	○B	○C	○A	○B	○C

三、优秀习作

有趣的"可乐喷泉"

听老师说，在可乐里加入盐就会形成可乐喷泉。对此，我半信半疑。耳听为虚，眼见为实，我决定做一做这个实验。

首先，我准备了一瓶可乐，一勺盐。为了防止可乐喷到地面上，我还准备了一个脸盆。

我先把可乐瓶盖打开，"嘶嘶嘶——"可乐的气泡立马冒了上来。我的心"怦怦怦"地跳动了起来，心想：这是第一回做这个实验，能成功吗？真的会看到可乐喷泉吗？想到这里，我忐忑不安。接着，我小心翼翼地把一勺盐全部倒进了可乐里。顷刻间，可乐瓶"吱吱吱"地响着，白沫快速向上涌出来，像一股奔涌而上的急流。然后，我用手指试着去碰堆积在瓶口的白色泡沫，殊不知，更多的泡沫，正从瓶里翻涌上来，最后覆盖住了整个瓶口。

我清清楚楚地看到，可乐瓶子上全部布满了气泡，像浅色的布帘一样。太壮观了！渐渐地，喷泉消失了，真没想到小小的盐竟然能使可乐喷发出美丽的喷泉。

为什么可乐一遇到盐就会"喷发"呢？我去查了资料才知道，原来可乐中含有大量的二氧化碳，加入盐之后，溶液浓度升高，导致可乐中二氧化碳溶解速度迅速下降，因此大量溢出，这就产生了可乐喷泉的现象。

可乐喷泉的小实验给我增添了许多乐趣，也让我增长了更多的科学知识。

写清楚实验的准备过程。

用"先……接着……然后……最后……"这样的句式，把实验的过程写清楚。

可以写实验中的有趣发现。

☆ 三年级下册第五单元习作

奇妙的想象

一、学习目标

1. 能借助习作例文进一步体会丰富与神奇的想象。

2. 大胆想象,写一个想象故事。

3. 能欣赏同伴的习作并提出修改意见。

二、引学过程

(一)集中练习

1. 练习从不同的角度,大胆展开想象。

《小树的心思》习作检查清单 1

检查标准	具体内容
从题目出发,展开想象	小树的心思是什么? 有什么特别的地方吗?
根据小树找人诉说心思的情节,展开想象	小树会找谁倾吐心思呢? (最好设想三个不同的倾吐对象)
从故事的结局逆推,展开想象	小树的心思最后有没有得到解决?

2. 把想象到的情节、内容,写下来。

3. 写好后,评一评。

《小树的心思》习作检查清单 2

检查标准	自评	同伴评	师长评
能大胆地想象小树的心思	☆☆☆	☆☆☆	☆☆☆
能把想象到的情节、内容写清楚	☆☆☆	☆☆☆	☆☆☆

（二）自主练习

1.选择教材中的一个题目写一个想象的故事,也可以写其他想象故事。大胆展开想象,把想象到的情节、内容写清楚。

2.写完后,可以和同伴交换习作。说说自己最喜欢同学写的什么内容,习作什么地方需要修改。

《奇妙的想象》习作检查清单

检查标准	自评	同伴评	师长评
能大胆想象,创造自己的想象世界	☆☆☆	☆☆☆	☆☆☆
能把想象到的情节、内容写清楚	☆☆☆	☆☆☆	☆☆☆
能把自己的习作读给同伴听,并与同伴交流自己最喜欢同伴写的什么内容	☆☆☆	☆☆☆	☆☆☆
能根据同伴的意见,进行修改	☆☆☆	☆☆☆	☆☆☆

3.修改好之后,将习作誊抄好。在班级的墙报上开辟一个专栏,如"想象岛",展示大家的习作,互相学习,互相借鉴。

三、优秀习作

小树的心思 小树一天天地长大了,他有很多很多的心思。 春天来了,百花盛开。他沐浴着阳光,闻着花香,看着在他眼前飞来飞去的蝴蝶,想:要是我能变成一只蝴蝶,那该多好啊! 这时,一阵风吹来,小树伸展开树枝,在风中摇动着双臂。小蝴蝶看见了,说:"小树,你在干什么?"他说:"我在学你飞呀?"小蝴蝶说:"别学我。我还羡慕你能安安静静地生长呢!"小树摇摇树枝,说:"哦。" 夏天来了,知了声声高叫。小树听到了,想:要是我能变成一只知了,那该多好啊! 这时,一阵风吹来,小树尽力地在风中歌唱,"沙沙沙,沙沙沙"。知了听见了,问:"小树,你在干什么?"小树说:"我在学你唱歌呀!"知了说:"别学我。我还羡慕你能安安静静地生长呢!"小树摇摇树枝,说:"哦。"	把小树的心思在故事中写清楚。

秋天来了,对面的苹果树上结出了一个个红彤彤的大苹果。小树看到了,想:要是我也能长出一个个大苹果,那该多好啊! 这时,一位园丁走到小树身旁,给他施了肥,说道:"明年的秋天,应该可以吃到这棵树结的长寿果了。"小树听到了,简直不敢相信。原来,自己也能结果子呀! 　　小树的心思,就只有一个了——快点长大,结很多很多的果子。	可以按一定的顺序来大胆想象故事。

☆三年级下册第六单元习作

身边那些有特点的人

一、学习目标

1.写一个人，尝试写出他的特点。

2.能给习作取一个表现人物特点的题目。

二、引学过程

(一)集中练习

1.读一读教材中的 9 个词语，这些词语让你想到了谁？为什么会想到这个人？模仿教材中黄色泡泡中的话，试着说一说。

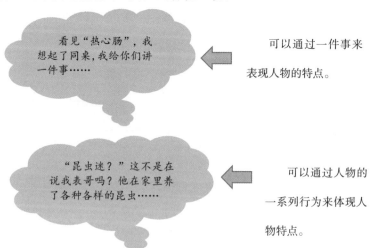

看见"热心肠"，我想起了同桌，我给你们讲一件事……

可以通过一件事来表现人物的特点。

"昆虫迷？"这不是在说我表哥吗？他在家里养了各种各样的昆虫……

可以通过人物的一系列行为来体现人物特点。

2.你还想到了哪些诸如此类的词语？这些词语可以用来形容哪些人？继续模仿教材中黄色泡泡中的话，可以从"一件事"或者"一系列行为"来说一说。

3.选择一个词语,围绕"一件事"或者"一系列行为"来写一写人物的特点。

【围绕"一件事"来写】

小书虫:有一次,刚一下课,小向同学就拿出一本书看了起来。我走过去,对她说:"咱们去操场上玩吧!"她摇摇头说:"我要看这本书。"我问:"什么书这么好看?"她把书的封面给我看,说:"是《呼兰河传》,是我向我爸爸借的。"我笑着说:"你爸爸的书,不就是你的书吗? 还要向他借?"她点点头说:"这本书是爸爸的心爱之物,他在上面做了很多很多的批注。我也想像我爸爸一样,把这本书看透。"我说:"那你看书,我找别的人玩去了。"等我从操场上回来,看见她正聚精会神地看着书,还在本子上记录着什么,仿佛饥饿的人扑在面包上一样。

【围绕"一系列行为"来写】

小书虫:我的同桌小高同学,他什么书都爱看。课间休息的时候,他捧着一本书在看;午休的时候,我们在操场上踢球,他在一旁,津津有味地看书;下午经典诵读课,老师带我们去图书馆看书,他选择了一个角落坐下来,全神贯注地看了起来,一会儿皱着眉头,一会儿眉开眼笑,完全沉浸在书的世界里。

4.写好后,评一评。

《身边那些有特点的人》习作检查清单 1

检查标准	自评	同伴评
能把人物的特点写出来	☆☆☆	☆☆☆
能通过"一件事"或者"一系列行为"来写清楚人物的特点	☆☆☆	☆☆☆

(二)自主练习

1.评改后,针对自己写得不足的地方,进行修改。

2.给自己写的习作补上开头、结尾,写成一篇完整的习作。

3.写完后给习作取一个题目,用上表示人物特点的词语,如"我们班的昆虫迷""家有虎妈""戏迷爷爷"。

4.习作完成后,评一评。如果有可能,还可以给你写的那个人看看,听听他的评价。

《身边那些有特点的人》习作检查清单 2

检查标准	自评	同伴评	老师评
修改之后能把人物的特点写出来	☆☆☆	☆☆☆	☆☆☆
修改之后能通过"一件事"或者"一系列行为"来写清楚人物的特点	☆☆☆	☆☆☆	☆☆☆
题目能用上表示人物特点的词语	☆☆☆	☆☆☆	☆☆☆

三、优秀习作

戏精刘子翔

在我们班,有个"戏精",他的演技着实让我佩服,他的名字叫刘子翔。

平日里,"戏精"都是用来形容很会演戏的人,可今天我要说的"戏精"是指追逐热点,模仿他人并用夸张的表情、浮夸的动作来表演,以此来获得他人赞美的人。

我们班的"戏精"刘子翔就属于后者。我们班里的人送他一个外号——"刘翔"。他的跑步速度虽不及刘翔的千分之一,但他无时无刻不在给自己加戏。

拍摄时间:课间十分钟。

地点:操场。

演员:刘子翔。

道具:五个跨栏。

观众:403班全体同学。

他先和刘翔一样在原地做热身运动。你们瞧,他在做热身运动时满脸涨得通红,嘴里喘着粗气,模样看起来十分认真,这认真的态度让我们对他的印象分打了10分。

当我们说"开始"时,他脖子上的血管"突"的一声暴了起来,眼神变得更加坚定,他朝天空咆哮了一声:"奥运会,我来啦——"便奋力向前冲去,这多么像一匹冲锋陷阵的战马呀!当他抵达第一个栏架时,像猴子一样身手敏捷地跳了过去,博得了我们的阵阵喝彩:"好样的,这样也能过——"还没有等我们的掌声停下,冷不防他蹲下身子,从

> 能通过一件具体的事情来表现"戏精"的特点。

> 文章从始至终都紧紧围绕"戏精"这个特点来写。

栏架下钻了过去。"没看错吧!"我们议论纷纷。眨眼间,他从第二个栏架一路钻到了第四个栏架,看得我们差一点眼珠子都掉了。到了第五个栏架,他一下子站了起来,迈开双腿,猛地一蹬地,身子像燕子一样轻盈地跃了过去。天哪,他居然还有这么一手。"100 分!"有同学喊道。他居然迎着那喝彩声,一鞠躬,真的把自己当成奥运冠军刘翔啦!

　　他真不愧是我们班名副其实的"影帝"啊! 奥斯卡欠他 一座小金人。

☆三年级下册第七单元习作

国宝大熊猫

一、学习目标

1.能查找资料,整合信息,围绕提示的问题写一写大熊猫。

2.通过自评和互评,能用修改符号修改不准确的内容并补充新的内容。

二、引学过程

(一)梳理练习

1.阅读教材中关于大熊猫的问题。

◇大熊猫是猫吗?

◇大熊猫生活在什么地方?

◇大熊猫为什么被视为中国的国宝?

…………

2.提出自己心中其他有关大熊猫的问题。

我对大熊猫的问题是:
_____
_____
_____
_____

3.模仿教材中的格式,用表格将问题进行归类,了解问题是关于大熊猫哪个方面的。

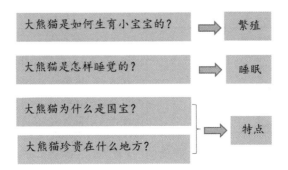

(二)搜集练习

1.选择自己对大熊猫感兴趣的方面(至少三个,不重复),围绕问题搜集相关资料。

2.模仿教材中的表格,把搜集到的资料填写在表格中。

名称	大熊猫
类别	哺乳动物
食物	爱吃竹叶、竹笋,有时也吃其他植物
分布地区	四川、陕西和甘肃等地

例如:

寿命	18~20 岁,圈养状态下可以超过 30 岁
灵活度	爬树能手,能轻松爬到 10 米高的树上
……	……

(三)完成习作

1.围绕搜集到的信息,分几个方面(至少三个方面)来介绍大熊猫。写之前,想一想,这几个方面该如何安排它的顺序?

2.写好后,评一评。

《国宝大熊猫》习作检查清单 1

检查标准	自评	同伴评
能从至少 3 个方面来清楚地介绍大熊猫	○优秀　　○良好 ○及格　　○需努力	○优秀　　○良好 ○及格　　○需努力

检查标准	自评	同伴评
能整合有关信息	○优秀　○良好 ○及格　○需努力	○优秀　○良好 ○及格　○需努力
能做到信息准确	○优秀　○良好 ○及格　○需努力	○优秀　○良好 ○及格　○需努力

3. 比较下面哪一种方式将大熊猫的"伙食"介绍得更清楚。

> A. 大熊猫最爱吃竹叶、竹笋，有时也吃其他植物。
>
> B. 大熊猫最爱吃箭竹。箭竹，既脆又略带甜味。它先把这些竹子咬断，再一根一根地扯掉竹枝，然后撕开竹皮，左一口，右一口，吃得津津有味。大熊猫的食量可大了，一天要消耗大约 30 千克的箭竹呢。

（可以用具体的例子和数据来把大熊猫喜欢吃的食物介绍清楚。）

4. 根据评改，修改自己的习作。

- 把没有介绍清楚的地方，用修改符号修改清楚。
- 把信息不准确的地方，修改准确。
- 看看是否还需要补充新内容。

5. 修改好后，再评一评。

《国宝大熊猫》习作检查清单 2

检查标准	自评	同伴评	老师评
能从至少 3 个方面来清楚地介绍大熊猫	○优秀　○良好 ○及格　○需努力	○优秀　○良好 ○及格　○需努力	○优秀　○良好 ○及格　○需努力
能根据选择的方面，整合有关信息	○优秀　○良好 ○及格　○需努力	○优秀　○良好 ○及格　○需努力	○优秀　○良好 ○及格　○需努力
介绍大熊猫的内容能做到准确	○优秀　○良好 ○及格　○需努力	○优秀　○良好 ○及格　○需努力	○优秀　○良好 ○及格　○需努力

三、优秀习作

国宝大熊猫	
"身穿黑白袍,足蹬黑脚靴。戴副黑边镜,爱吃鲜嫩竹。"这个谜语想必难不倒大家吧? 是的,它就是国宝大熊猫。	开篇用谜语既引起读者的注意,又巧妙地介绍了大熊猫的外形。
大熊猫分布在我国的四川、陕西和甘肃等地,是我国一级保护动物,十分稀少。在我国,大熊猫的数量也不过一千多只。	分布地区和成为国宝的原因。
大熊猫喜欢吃箭竹。吃东西的时候,常常直立着身子,盘腿坐下,前爪抓住箭竹,就往嘴里送。吃饱了,还会用水润润喉咙。它走到水池边,俯下身子,前腿靠着池边,低下头,咕噜咕噜地喝了起来。看它那副模样,真是让人发笑。	描写饮食。
大熊猫是哺乳动物,通常是一胎生两个。刚生下来的大熊猫十分可爱,全身是粉红色的。	描写类别和繁殖。
大熊猫是我国的国宝,是动物界里的宠儿。我们要保护大熊猫,保护这地球上的珍稀物种。	

☆三年级下册第八单元习作

这样想象真有趣

一、学习目标

1.能选择一种动物作为主角,大胆想象它因特征变化发生的生活上的变化,编写一个童话故事。

2.能用学过的修改符号修改自己的习作。

二、引学过程

(一)集中练习

1.阅读教材中的习作提示,了解想象的路径。

> • 如果母鸡能在天空飞翔
>
> • 如果蚂蚁的个头比树还大
>
> • 如果老鹰变得胆小如鼠
>
> • 如果蜗牛健步如飞
>
> • 如果……

➡ 反向思考

2.以"蚂蚁的个头比树还大"为例,想象在失去了原来的主要特征后,它的生活会有什么变化,又会发生哪些奇异的事情。

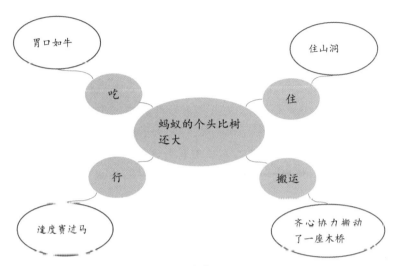

3.把想象到的内容写成一个童话故事。

4.写好后,评一评。

《这样想象真有趣》习作检查清单 1

检查标准	自评	同伴评	老师评
能大胆地想象蚂蚁个头比树还大后,生活上的变化	☆☆☆	☆☆☆	☆☆☆
能把童话故事的情节写清楚	☆☆☆	☆☆☆	☆☆☆
能尝试着写出故事中角色的语言、动作、神态	☆☆☆	☆☆☆	☆☆☆

4.修改童话故事的情节。

心理活动描写得很清楚。

修改前

　　蚂蚁想:我的个头都比树还大了,我还用去搬一根小骨头吗? 我要做就做大事。有一天,发了洪水。小动物们都过不了河了。蚂蚁看见了,他叫来了和他一样大的蚂蚁们,把冲走的木桥重新搬运回来。小动物们欢欣不已。

可以加上蚂蚁招呼伙伴时说的话。　　　　可以添上蚂蚁搬运木桥时遇到的趣事。

修改后

　　蚂蚁想:我的个头都比树还大了,我还用去搬一根小骨头吗? 我要做就做大事。有一天,发了洪水。小动物们都过不了河了。蚂蚁看见了,对大家说:"大家不要急,我去叫我的伙伴们来把冲走的木桥搬运回来。"于是,他叫来了和他一样大的蚂蚁们,他们发现木桥斜卧在水流中。"我下河去!"蚂蚁蹚过水去,水面只到他的脚部。他抓起木桥的一端,其他蚂蚁心领神会,都过来帮忙。他们齐心协力把冲走的木桥重新搬运了回来,架在了河上。小动物们欢欣不已:"谢谢,蚂蚁们。"蚂蚁觉得自己变大了,能为大伙儿做事,真是一件快乐的事情啊!

(二)自主练习

1.挑选另外一种动物作为主角,大胆想象故事,写清楚故事的情节。

2.写完后,用学过的修改符号修改自己的习作。

《这样想象真有趣》习作检查清单2

检查标准	自评	同伴评	师长评
能选择一种动物作为主角	☆☆☆	☆☆☆	☆☆☆
能大胆想象它的特征变化带来的生活上的变化	☆☆☆	☆☆☆	☆☆☆
能把故事情节写清楚	☆☆☆	☆☆☆	☆☆☆
能用学过的修改符号修改习作	☆☆☆	☆☆☆	☆☆☆

三、优秀习作

快递员阿慢

　　小蜗牛阿慢万万没有想到,一觉醒来,自己居然健步如飞了。他兴奋得一蹦三尺高。

　　"我能健步如飞啦!"他大喊着,"我不用再受大家的嘲笑啦!"这时,他爸爸走过来,对他说:"我们家就你成了'飞毛腿',要不,你去应聘森林快递员的工作吧?"阿慢点点头,说:"好的。"

　　阿慢成为快递员是意料之中的事情。第二天,他就上班了。他接到了一份订单,这份订单是来自某商城的天天

反向思考蜗牛变得健步如飞之后的生活。

坚果,是送往小松鼠家的。

　　他二话不说就出发了。小松鼠的家在山那边的大树上。他瞧瞧天上的太阳,喃喃自语道:"太阳下山前,我一定要把坚果送到。阿慢快递,使命必达!"他将自己柔软的身体向前探出,埋着头,就往前跑去。想起以前都是一点一点爬的,如今真是难以想象的飞速啊!他拐过一道弯,绕过一道坎,不用半个小时,半座山都已跑过了。天空中的鸟儿看见了,说:"阿慢快递,风一般的速度。"阿慢听到了,甜在心里。果不其然,他花了一个小时,很轻松地到达了小松鼠的家。小松鼠接过快递,夸赞道:"你是这森林王国里最棒的快递员,我给五星好评。"

　　阿慢觉得自己能为大家服务,是无比快乐的。他高兴地说:"谢谢你对我工作的肯定,我会加倍努力的。"说完,他又忙着去送快递了。

　　大胆想象故事时,要围绕蜗牛特征发生变化带来的生活变化这一重点来写。

进阶式习作检查清单的共学样式

第 3 章

☆四年级上册第一单元习作

推荐一个好地方

一、学习目标

1.能把所推荐的某个地方介绍清楚。

2.能把推荐的理由写充分。

二、共学过程

（一）集中练习

1.每个学生练习写"推荐一个古镇"的理由。

◇这个古镇很美……
◇在那里可以了解以前人们的生活……
◇这个古镇有很多好吃的……

【四人小组讨论】如果就用这三句话作为推荐理由，够不够？

【四人小组讨论】该怎样围绕关键词推荐把理由写充分呢？

◇这个古镇很美……
◇在那里可以了解以前人们的生活……
◇这个古镇有很多好吃的……

◇这个古镇很美……（从"优美的景色"角度写充分）
◇在那里可以了解以前人们的生活……（从"人们的生活、习俗"角度写充分）
◇这个古镇有很多好吃的……（从"美食的种类、口味"角度写充分）

2.尝试完成"推荐一个古镇"习作，写完后四人小组评一评。

"推荐一个古镇"习作检查清单

检查标准	自评	同伴评
能把这个古镇介绍清楚	○A ○B ○C	○A ○B ○C
能把推荐古镇的理山写充分	○A ○B ○C	○A ○B ○C

3.四人小组尝试用具体的例子把不充分的理由修改充分。

【修改前】
　　在那里可以了解以前人们的生活。人们"日出而作,日落而息",过着悠闲的生活。

评段之后的问题:围绕关键词,写得不够充分。 解决办法:加具体的例子。

【修改后】
　　在那里可以了解以前人们的生活。人们"日出而作,日落而息",田间都能看到他们劳动的身影,耕地、除草、施肥,忙碌不已。傍晚从田间归来后,他们把饭菜摆在院子里的小方桌上,津津有味地吃起来,一副怡然自得的样子。

(二)综合练习

1.学习"用具体的例子把理由写充分"的方法,写一处自己最想推荐的地方。写清楚这个地方在哪里,它有什么特别之处。

2.写完后,自己先读一读,看看有没有把这个地方介绍清楚,有没有把推荐的理由写充分。再在四人小组中读给同伴听,请他们提出修改建议。

3.全班可以举办"最受欢迎的好地方"推荐会,看看哪些地方最吸引大家。

"推荐一个好地方"习作检查清单

检查标准	自评	同伴评	师长评
能写清楚这个地方在哪里	○A ○B ○C	○A ○B ○C	○A ○B ○C
能写清楚所推荐的这个好地方的特别之处	○A ○B ○C	○A ○B ○C	○A ○B ○C
能用具体的例子把理由写充分	○A ○B ○C	○A ○B ○C	○A ○B ○C

三、优秀习作

美丽的茶卡盐湖 　　人们说,青海的茶卡盐湖,是人生中必去的 55 个地方之一。它十分梦幻,空气清新,景色优美,是个好地方。我想把它推荐给大家。 　　这里的景色独一无二。你看不到一株绿色的植物,到处都是雪白的一片。茶卡盐湖四周被雪山环绕,水清得犹如一面明镜,湖底下蕴藏着很多很多的盐,面积约为 105 平方千米,是柴达木盆地四大盐湖之一。湖面反射着令人陶醉的天空景色,被誉为天空之镜。 　　白天,湛蓝的天空和洁白的云倒映在湖面上,人置身于盐的世界,漫步湖边犹如行走在云端之上,水映着天,天接着地,人在湖边走,宛如在画中游。 　　夜幕降临,北纬 36 度的茶卡盐湖上空星光明亮而灿烂,银河仿佛从天空倾泻而下,落入湖面。盐湖如镜,银河与繁星的倒影清晰、稳定,站在如镜的盐湖中,四周与脚下星光闪烁。偶尔微风吹过水面,水中的星光倒影如烛光一般跳跃闪动。走在茶卡盐湖,你的头上繁星点点,你的脚下星空漫漫,如梦如幻,人似乎站在了宇宙的中央。 　　如此美丽的景色,值得我向您推荐,更值得您亲自去看一看。	描写所推荐的地方的特别之处。 从景色描写的角度写推荐理由。 把推荐理由写充分,写得让人信服。

☆四年级上册第二单元习作

小小"动物园"

一、学习目标

1.能抓住家人与动物的相似之处,写出家人的特点。

2.能主动与同学和家人分享习作,修改不通顺的语句,体验表达的乐趣。

二、共学过程

(一)集中练习

1.学习教材中的例子"妈妈像一只绵羊",从外貌、爱好、性格等方面寻找两者的相似之处。

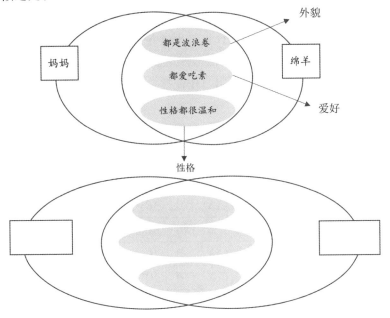

2.尝试写家里的一位成员,写出这位家人与动物相似的地方。写完后,四人小组评一评。

《小小"动物园"》习作检查清单1

检查标准	自评	同伴评
能把这位家人和动物之间的相似之处写清楚	○清楚　○不清楚	○清楚　○不清楚
能用具体的表现把这位家人的特点写清楚	○清楚　○不清楚	○清楚　○不清楚

3.四人小组成员交换修改得不清楚的地方。

> 我妈妈的性格像绵羊一样很温和。她说话总是轻声细语。(改为:她对谁说话,都是轻声细语的。)我考试考得不好,她都没有大声地责骂我。(改为:有一回,我语文考试考差了,我以为她会大声地责骂我。没想到,她只是看着我的试卷,语重心长地说:"这次考差了,要吸取教训。下回,要认真对待,争取考得比这次好。"她边说边用鼓励的目光看着我。在我的心里,她像绵羊一样温顺。)

用妈妈具体的表现来把特点写清楚

(二)综合练习

1.学着用"通过人物的具体表现来把特点写清楚"的方法,把其他家人的特点写一写,写成一个小小"动物园"。每天生活在这个"动物园"里,自己的感觉是怎样的? 试着写一写。

2.写完后四人小组交换习作,用习作评改检查清单评一评,看看有没有不通顺的句子。

3.回家读给家人听,请他们评评写得像不像。

《小小"动物园"》习作检查清单2

检查标准	自评	同伴评	家长评
能写清楚家人与动物之间相似的地方	○A　○B　○C	○A　○B　○C	○A　○B　○C
能用人物具体的表现来把特点写清楚	○A　○B　○C	○A　○B　○C	○A　○B　○C
能写出自己生活在"动物园"里的感受	○A　○B　○C	○A　○B　○C	○A　○B　○C
能用修改符号,修改不通顺的句子	○A　○B　○C	○A　○B　○C	○A　○B　○C

三、优秀习作

神奇的"动物园" 　　我家是一个神奇的"动物园"。有老黄牛妈妈,有千里马爸爸,还有调皮猴我。 　　　　　　老黄牛妈妈 　　我的妈妈是一头老黄牛。她每天都是忙忙碌碌的。有时候星期六、星期天都在单位里加班。远的不说,就在这几天,每天我进入了梦乡,还不见她的踪影。听爸爸说,她经常凌晨两三点钟才能回家。仅仅睡了两二个小时,就要起床给我做早饭,送我上学,妈妈从来不说苦。 　　她身上有一股"牛"脾气,总是会用她那对尖锐的"牛角"来顶我。我考试考得不理想时,她先是瞪我一眼,然后就开始碎碎念。唉,我听着好烦。但我明白:妈妈是想让我变得更好。她时时刻刻在关心着我,舐犊情深。 　　　　　　千里马爸爸 　　我的爸爸,是我们家学历最高的。他戴着一副眼镜,镜片特别厚。妈妈说,爸爸是一匹千里马,是干大事的。他曾经对我说,他有一个愿望,就是亲手设计一座大学。为此,他不分白天黑夜地设计图纸。他不仅在电脑里画图纸,还在真正的纸上画。每当他在台灯下俯下身子画图纸时,我都能感受到爸爸的一丝不苟。他总要把每一处设计做到完美才肯罢休。经过一年多的绘制,爸爸告诉我他的图纸终于通过验收了,他的大学设计梦想即将展开新的画卷。我相信爸爸这匹千里马会跑得很远很远。 　　　　　　调皮猴我 　　我是一只小猴子,没有一刻钟是安静的,整天在家里跑来跑去。妈妈说,我的屁股上抹了油,所以没有一张椅子能让我坐下来。每当妈妈让我练钢琴时,我就跑进自己的卧室里不出来,直到妈妈拿着鸡毛掸子来敲我的屁股,我才乖乖地坐到钢琴前。爸爸让我写毛笔字,我把墨汁	 描写时,找到家人与动物之间的相似之处,把它写得像。 通过具体的例子写出家人的特点。 表达出自己的真情实感。

弄得桌子上都是,爸爸责骂我,我丢下毛笔,溜走了。他也奈何不了我。你们说,我是不是很调皮?

　　这就是我家神奇的"动物园",其实我很爱很爱这个"动物园"。我能生活在这个温馨的家里,觉得很幸福。

☆四年级上册第三单元习作

写观察日记

一、学习目标

1.能进行连续观察,用观察日记记录观察对象的变化。

2.能在小组内分享观察日记,并进行评价。

二、共学过程

(一)集中练习

1.写观察日记前,先做好植物生长的观察记录。例如记录黄豆、凤仙花、油菜花的生长变化等。

观察对象	时间	生长状态
凤仙花	5月10日	将凤仙花种子埋在深约1厘米的小坑中
	5月17日	种子抽出了嫩黄色的小芽,短短的、弯弯的。最高的一株高约1厘米,还长出了豆瓣
	5月20日	豆瓣脱落,长出了绿色的小叶子,是对称的两片,叶缘非常光滑。最高的一株高约2厘米
	5月28日	高度达到10厘米,长出了真叶,真叶的头是尖尖的,叶的边上是锯齿形的,子叶的头是圆圆的,还有点凹进去,没有叶脉,很光滑
	6月6日	凤仙花的叶腋处长出了新枝条
	7月26日	凤仙花长出了花苞,很小,有绿豆那么大
	7月29日	凤仙花完全开放了。桃红色的花瓣,像扇着翅膀飞舞的蝴蝶,上面的花瓣小,下面两片花瓣特别大,有上面花瓣三倍那么大

颜色、长短的变化。

前后的变化。

生长过程中的变化。

2.整理连续观察植物记录表,把表现观察对象变化的相关内容勾画出来。

3.紧扣"观察对象的变化",写成植物观察日记。

×月×日　　　星期×　　　天气
（连续记录观察对象的生长变化:根、茎、叶的颜色、长度、大小在生长过程中的变化。）

4.写好后,四人小组评一评,改一改。

《植物观察日记》习作检查清单1

检查标准	自评	同伴评
能把观察对象的变化写清楚	✿✿✿	✿✿✿

5.在写清楚观察对象的变化之后,还可以写清楚每个阶段植物生长变化时你的想法和心情。在小组同伴的习作中找一找这样的描写,一起学一学。

【观察时的想法和心情】
·凤仙花发芽啦,长出了一株小苗,我好开心呀! ·有两片叶子蔫了,是不是缺水的缘故? 我好难过啊! ·天哪,凤仙花长出花苞来了,真是太让人意外了。

《植物观察日记》习作检查清单2

检查标准	自评	同伴评	老师评
能把观察对象的变化写清楚	✿✿✿	✿✿✿	✿✿✿
能把每个阶段植物生长时,自己的想法和心情写清楚	✿✿✿	✿✿✿	✿✿✿

(二)拓展练习

1.连续观察一种小动物的生长情况,记录小动物的变化,还可以写写观察的过程,观察时的想法和心情。如果能附上图画和照片就更好了。

2.为了能让别人看清楚观察的过程,可以用上表示时间顺序的词语。

【表示时间顺序的词语】
经过一个星期的等待　漫长的一周过去了　两三天后　又过了一个月

3.动物观察日记写完后,小组成员评一评,改一改。

《动物观察日记》习作检查清单

检查标准	白评	同伴评
能连续、细致地观察动物的生长过程	✿✿✿	✿✿✿
能把观察对象的变化写清楚	✿✿✿	✿✿✿
能结合每个阶段动物的生长情况,写清楚自己的想法和心情	✿✿✿	✿✿✿
能用修改符号,修改不通顺的句子	✿✿✿	✿✿✿

三、优秀习作

淘气包小猫

8 月 15 日　星期一　晴

今天,我在公路上发现了一只流浪猫。它蜷缩在一丛草里。我撩开草丛,看到它的毛是黄色的,令我惊讶的是它的一只眼睛失明了,叫的声音很凄惨,像是婴儿在哭,把我的心都叫软了,我把它抱起来,它好瘦。我用手指去逗它,它又喵喵地叫着,用一只眼睛看着我,一点儿也不怕我。我决定带它回家。

把小猫的外形与当时的感受写清楚了。

8 月 16 日　星期三　晴

我把流浪猫养在阳台上,那里有阳光照耀,希望它能快点好起来。午饭,妈妈煮了红烧鱼,我把鱼头放在碗里给它吃,它用舌头舔舔鱼头,吃了起来。它吃得很慢,边吃边叫唤,声音比昨天大了一些。它经常停下来,舔自己的脚掌。

从听觉上分辨出小猫在叫声上的变化。

8 月 17 日　星期四　晴

今天早晨我起床的时候,就听到了"喵喵"的叫声,声音又长又急。我连忙往阳台跑去,见小猫被困在了洗手池上面的纸箱子上。"你是怎么跳上去的?"我问它,它喵喵叫着。我搬来凳子,抱它下来。它还在我的手中将头扭来扭去的,活泼了很多。我对它说:"你乖乖地待在猫笼里,别乱跑。"它好像听懂了似的。

作者观察到小猫的胆子越来越大了。

不过，它在我家待的时间应该不长了，妈妈说要把它送到乡下奶奶家去，我们家不适合小猫居住，它常常吵到楼上楼下的邻居。我觉得这样也好，有人收留它总比在外面流浪要好。	结尾可以描写自己的感受和心情。

☆四年级上册第四单元习作

我和_____过一天

一、学习目标

1.能选择一个自己喜欢的神话或童话人物,围绕"我和_____过一天"展开想象,写一个故事。

2.能根据同伴的意见修改习作,并誊写清楚。

二、共学过程

1.模仿教材中"我和孙悟空过一天"的例子,来构思《我和_____过一天》,试想我们"会去哪里""会做什么""会发生什么故事"。

> 我想和你去森林小屋看看。

> 我想和你一起给七个小矮人做饭。

> 跟我去参加果园丰收节。

2.进一步具体构思"会发生什么故事"。

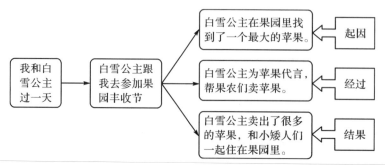

3.根据构思,把故事写下来。写好后,四人小组成员交换习作,并评一评。

《我和_____过一天》习作检查清单

	检查标准	自评	同伴评
基础级	能写清楚"你们会一起去哪里"	☆☆☆	☆☆☆
	能写清楚"你们会做些什么"	☆☆☆	☆☆☆
	能写清楚"会发生的故事"	☆☆☆	☆☆☆
挑战级	能突出这个人物的性格特点	☆☆☆	☆☆☆

4.四人小组成员围绕"能突出人物的性格特点"来修改习作。

　　白雪公主径直走到一棵苹果树下,仰起头,伸出手摘了一个最大的苹果。(同伴1修改时添加想法:她刚想吃,想起曾经吃过的毒苹果,马上收了手。)旁边的果农看见了,请她当代言人,她愉快地答应了。(同伴2、同伴3合作修改语言:对白雪公主说:"我们的苹果是绿色无污染的,您尽管放心吃。我们正愁苹果卖不出去,要不您来当我们苹果的形象代言人吧！苹果的名字就叫'白雪公主'。"白雪公主看着手中的苹果,说:"太荣幸了,我想邀请七个小矮人和我一起代言!")

5.认真修改完之后,誊写清楚。

三、优秀习作

我和孙悟空过一天	
星期天,我刚要出去玩,忽然,一只毛茸茸的手捉住了我。我回头一看,竟然是"齐天大圣"孙悟空。我一脸吃惊地问:"大圣,你来找我干啥?"大圣笑着说:"嘿嘿,我在天庭待得没意思,就想到人间来玩一天,请你来给俺当导游。"我高兴地说:"好呀,好呀。正好体育馆在举行全民运动会,我带你去参加吧!" 　　大圣拍手叫好,自信满满地说:"我拿块金牌给你看看。"说完,他招来筋斗云,说:"马上出发。"我也坐上了筋斗云,一眨眼,就到了体育馆。这里人山人海,比赛现场让人热血沸腾。 　　就在这时,裁判员在广播里说:"接下来是马拉松比赛,请选手们到 B 场地集合。"大圣听到此,对我说:"我要去参加马拉松比赛!"我刚想说:"马拉松要跑很长的路……"还没等我说完,他就驾着筋斗云走了。我马上前去观战,只听见一声枪响,所有选手都像离弦的箭一样跑了出去,只有大圣还站在原地,慢悠悠地吃着桃子。"大圣,快跑呀——"我朝他猛喊。他似乎从梦中惊醒,把桃子一丢,一个跟头就到了终点,把裁判们的下巴都惊掉了,裁判们愣了好久才反应过来。裁判员说道:"恭喜这位会翻跟头的选手获得马拉松比赛的第一名,并且刷新了世界纪录。" 　　孙悟空站上领奖台,接过金牌,并朝我挥着手。这一天过得真是惊心动魄呀!	把做的事情按照发展顺序写下来。 要把握人物的特点来构思故事情节。

☆四年级上册第五单元习作

生活万花筒

一、学习目标

1. 把事情发展过程中的重要内容写清楚。
2. 能按照一定的顺序把一件事情写清楚。

二、共学过程

1. 选一件自己印象深刻的事情，按一定的顺序把这件事情写清楚。写之前，仔细想想这件事情的起因、经过、结果是怎样的，并用简洁的语言填写在表格中。

事情	捉蚊趣事
起因	夜晚，一只蚊子钻进蚊帐，乱咬人。
经过	我怎么也制服不了这只蚊子，决定用自己的手臂引诱，蚊子上钩了。
结果	我趁蚊子在手臂上吸血时，一掌拍死了它。

2. 尝试把事情的经过部分一步一步写清楚。

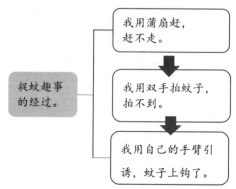

捉蚊趣事的经过。

我用蒲扇赶，赶不走。

我用双手拍蚊子，拍不到。

我用自己的手臂引诱，蚊子上钩了。

3.把习作完整地写下来,写好后,在四人小组中评一评,改一改。

《生活万花筒》习作检查清单

	检查标准	自评	同伴评
基础级	能按"起因、经过、结果"的顺序把这件事情写清楚	☆☆☆	☆☆☆
	能把经过部分一步一步写清楚	☆☆☆	☆☆☆
挑战级	能用语言、动作描写把重点内容写清楚	☆☆☆	☆☆☆

4.同伴围绕"用语言、动作描写把重点内容写清楚"的要求修改习作。

【加语言】"哈哈,这下有好戏看了。"我屏住呼吸,眼睛紧紧盯着蚊子。

只见那只大蚊子又出现了,它慢悠悠地飞来,飞向我健硕的胳膊,落在上面。我在心里默数到"10",趁蚊子吸血的时候,一个右手掌拍过去。

【改动作】我以迅雷不及掩耳之势,挥起右手掌,瞄准蚊子,猛地盖过去。

5.认真修改完之后,誊写清楚。

三、优秀习作

照片里的温暖

谁说照片只是一张薄薄的纸? 在我眼里,它是立体的,是富有情感与温度的。

打开影集,一张张照片就是一个个故事。就像我手中的这一张,看着就让我热血沸腾,倍感温暖。

这是我们班参加足球联赛时的一幕:赛前,所有的足球运动员集中在一起,围成一个圈,手搭着手,高喊:"加油!""咔嚓"一声,这个瞬间被照相机永远地记录了下来。

看着这张照片,我仿佛回到了足球场上。我们 11 个主力队员在同学们的呐喊声中走上赛场,投入紧张的比赛中。我们努力防守,奋力突破对手的防线,但对手 2 班的队员也不甘示弱,比赛进入了白热化阶段。

最终只能迎来残酷的点球大战。场上的气氛顿时高涨起来。第一个上场的是我们班的张队长，他瞄了瞄球门，表情严肃，一脚直射！可惜，被对方的守门员扑住了。虽然可惜，但我们班的同学没有指责，而是鼓励我们继续加油！在同学们的助威声中，我走向了发球点，深深吸了一口气，扭动了一下脚踝，紧盯足球。裁判一声哨响，我飞起一脚，来了一个抽射，"砰"的一声，球进了！操场上欢呼声雷动。后面我们班的小韩，又进了一球，最终我们班以2：1获胜。同学们高声欢呼，队员们紧紧地拥抱在一起，流下了激动的泪水。	写清楚事情的起因、经过、结果。
那一刻的喜悦与温暖一直印在我的心里。现在想起来还止不住地兴奋。我想，不管时光过去多久，只要看到这张照片，我就会想起这难忘的一幕。	在描写事情的经过时可以通过动作、语言描写，把重要的内容写清楚。

☆四年级上册第六单元习作

记一次游戏

一、学习目标

1.能按顺序把游戏经过写清楚,写出自己的想法和感受。
2.能自己修改习作,并把习作誊写清楚。

二、共学过程

(一)集中练习

1.一起玩跳长绳游戏。游戏时可以拍摄一些跳长绳时的场景,以帮助写作。
2.根据习作提示,进行梳理。

游戏	游戏阶段	习作提示
跳长绳	游戏前	你做过哪些准备? (换球鞋、和同伴练习跳。)
	游戏中	你做了些什么?印象比较深的是什么? (我努力地跳好绳。我的同伴踩着绳子了,我鼓励她别气馁。)
	游戏后	你有什么想法和感受? (伙伴间要团结协作。)

3.重点练习写"跳长绳中,印象深刻的部分",写好后四人小组评一评。

- 遇到了怎样印象深刻的事情?
- 自己当时的语言、动作是怎样的?
- 一起跳长绳的伙伴说了什么,做了什么,有怎样的表情?

《记一次游戏》习作检查清单 1

检查标准	自评	同伴评
能把"印象深刻的部分"写清楚	○清楚　○不清楚	○清楚　○不清楚
能写清楚自己在游戏中的语言、动作	○清楚　○不清楚	○清楚　○不清楚
能写清楚伙伴的语言、动作、表情	○清楚　○不清楚	○清楚　○不清楚

4.根据评改结果,修改"印象深刻的部分"。

> 　　排在我前面的同学顺利地跳完了 3 个,接着轮到我跳长绳了。我深深地吸了一口气,随着长绳的节奏,我轻松地跳了进去,"1 个,2 个……"我正想往外跳的时候,只听到"啪"的一声,长绳在我的脚下缠住了。"怎么回事?"我不解地问,回头一看,原来是排在我后面的小涵同学跳进来时,辫子被长绳绕住了,使得连环出错。小涵摸着自己的辫子,不好意思地说:"对不起!"说完,急得眼泪都出来了。我走过去,安慰道:"没事的。我们再重新来一次,规定的时间还没有到,我们还有希望!"我和她击掌,她擦干眼泪,和我一起再次跳了起来。

【修改的方法】"我"的语言、动作和小伙伴的语言、动作可以交叉着写。

5.修改好"印象深刻的部分"后,再给文章加上"游戏前、游戏后"的内容,形成完整的习作。

(二)自主练习

1.尝试着写一写以前和其他人一起玩过的游戏,按照"游戏前、游戏中、游戏后"的顺序,把游戏写清楚,还可以写写自己当时的心情。

2.写好后,给习作拟一个题目。

3.然后,自己读一读,用修改符号改正其中的错别字和不通顺的句子,最后誊写清楚。

《记一次游戏》习作检查清单 2

检查标准	自评	同伴评	师长评
能按"游戏前、游戏中、游戏后"的顺序来写	☆☆☆	☆☆☆	☆☆☆
能把"印象深刻的部分"写清楚	☆☆☆	☆☆☆	☆☆☆

检查标准	自评	同伴评	师长评
能把自己在游戏中的语言、动作写清楚	☆☆☆	☆☆☆	☆☆☆
能把伙伴的语言、动作、神态写清楚	☆☆☆	☆☆☆	☆☆☆
能用修改符号改正习作中的错别字和不通顺的句子	☆☆☆	☆☆☆	☆☆☆

三、优秀习作

丢沙包	
丢沙包，是我最喜欢玩的游戏。	
这天，风和日丽，我们玩起了丢沙包的游戏。我请了八个朋友，凑齐了九个人。我先在地上画了个圈，接着拿出事先准备好的沙包，然后通过猜拳选出了两个同伴当射手。	游戏前的准备可以简单写。
"预备，开始——"哨音刚落，射手小张就扔出了沙包，简直是快如闪电。我见了赶紧卧倒。我们中的一员由于躲闪不及，一下子就被砸到了。我深吸一口气，庆幸自己"逃脱"。 第二轮开始了。我们一躲一闪，时刻防备着突如其来的沙包。"嗖"，一个沙包向我的头上袭来，我赶紧低头，"嗖"的一声，沙包落在了后面的同伴的身上。他垂头丧气地走出了比赛场地。我赶紧调整状态，准备躲避下一个沙包，不幸的是又有好几个小伙伴被淘汰了，气氛越来越紧张。 只剩三个人了！射手高高地把沙包举过头顶，瞄准时机就要扔了。我们像灵活的雨燕一样，往高空一跃，躲过了沙包。射手见机，来了一个"海底捞月"，把沙包从我们脚下快速射过来，我没有反应过来，"咚"的一声被丢中了。	游戏的经过部分可以抓住人物的动作、语言来写。
虽然我被淘汰了，但是我心里却异常开心。丢沙包真是太有意思啦。	游戏结束后，可以写上自己的感受。

☆四年级上册第七单元习作

写 信

一、学习目标

1.能用正确的格式写一封信,做到内容清楚。

2.能将书信通过邮局寄给收信人或通过电子邮箱将信发给对方。

二、共学过程

(一)练习信的格式

1.比较留言条和信的格式,看看两者有什么不同的地方。

留言条和信的相同点	1.开头都要顶格写称呼。 2.在行文的最后都要先署名后写上日期。
留言条和信的不同点	1.书信在称呼前可以加上"敬爱的""亲爱的"这样的词语。 2.书信在称呼下面一行开头空两格写问候语。 3.书信在署名前面要写上祝福语。祝福语的格式为"祝"字前面空两格,"身体健康"等短语要另起一行顶格写。 4.书信署名和日期写在右下方。

2.关注"祝福语"的写法。

◆祝福语的内容要根据对象而定◆

①给年长的长辈写信,可以写"敬祝健康""敬祝近安"。

②给年轻的长辈写信,可以写"祝您健康""祝您工作顺利"。

③给同辈写信,可以写"祝你学习进步""祝你天天开心"。

3.尝试按照正确的书信格式,给自己的亲友或者其他人写一封信。写好后,四人小组成员评一评。

"写信"习作检查清单 1

书信的格式检查标准	自评			同伴评		
能顶格写称呼	○A	○B	○C	○A	○B	○C
能另起一行开头空两格写问候语	○A	○B	○C	○A	○B	○C
能分自然段写正文	○A	○B	○C	○A	○B	○C
能将祝福语分两行写,第一行开头空两格,第二行顶格写	○A	○B	○C	○A	○B	○C
能在右下方写署名和日期,署名在上面,日期在下面	○A	○B	○C	○A	○B	○C

(二)练习正文

1.想一想:自己在书信的正文部分写了什么内容?

2.评一评:自己有没有将正文部分的内容写清楚? 自评之后,四人小组成员交换修改习作。

"写信"习作检查清单 2

书信的正文检查标准	自评			同伴评		
能根据收信对象,确定正文内容	○A	○B	○C	○A	○B	○C
能把正文中的内容写清楚	○A	○B	○C	○A	○B	○C

(二)练习写信封

1.了解信封的格式。

收信人邮政编码

□□□□□□

收信人地址

收信人姓名

寄信人地址、姓名

□□□□□□

寄信人邮政编码

2.按照信封的格式写好自己要寄的信的信封。

3.把写好的书信通过邮局寄给对方，也可以通过电子邮箱将信发给对方。

三、优秀习作

给一年级语文老师的一封信

敬爱的王老师： ▶ 顶格写称呼。

您好！ ▶ 开头空两格写问候语。

自从我转学到新的学校来读书后，我经常会想起您，想起您给我的点点滴滴的温暖。

记得一年级第一节语文课，您让我们做自我介绍。我紧张得把原本在心里想好的话语，都忘光了。轮到我做自我介绍时，我赖在座位上不愿起来，您一次次地叫我的名字，我就是低着头，不吭声。您看穿了我的心思，走到我身边，拉起我的手，走向讲台，对全班同学说："让我们用热烈的掌声鼓励小涵同学。"同学们的掌声给了我自信，我大着胆子进行了自我介绍。讲完后，您竖起大拇指，对我说："讲得太好啦！"我知道这都应该感谢您。

您领我进入了语文学习的大门，我特别喜欢看课外书。那次语文课上，您在给我们上课，我却在抽屉里放了一本心爱的课外书——《小猪唏哩呼噜》。当您在黑板上板书时，我就偷偷地打开了书，看了起来。就连您站在我面前,我都没有发现,我羞得满脸通红。您拿起我抽屉里的书,看了看,说:"课外书,你可以在课余时间看,以后每天早自修,你来给大家读一段《小猪唏哩呼噜》里的故事。"我看到您的眼睛里全是期待。

　　这么多年过去了,我总是忘不掉您的眼睛,忘不掉您对我的谆谆教导。我会永远记着您的,敬爱的王老师。
　　祝
身体健康!

您的学生　小涵
11 月 25 日

分段写正文。

分两行写祝福语。

右下方写署名和日期。

☆四年级上册第八单元习作

我的心儿怦怦跳

一、学习目标

1.能选取一件感受强烈的事,写清楚事情的经过和当时的感受。

2.能自己修改习作,并誊写清楚。

二、共学过程

(一)集中练写

1.试着把心跳最厉害的瞬间写清楚:你经历的什么事使你的心儿怦怦跳?

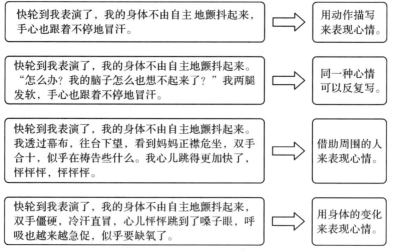

2.写好后,四人小组评一评,改一改。

《我的心儿怦怦跳》习作检查清单 1

检查标准	自评	同伴评
能写清楚心跳最厉害的瞬间	♡ ♡ ♡	♡ ♡ ♡
能用上一些表示心情的词语或短语	♡ ♡ ♡	♡ ♡ ♡

（二）通篇练习

1.把整件令自己心儿怦怦跳的事情写下来,写清楚事情的经过和当时的感受,可以试着用上表示心情的词语或短语。

◆直接表现某种心情

提心吊胆　心急如焚　胆战心惊　魂飞魄散　喜出望外　手舞足蹈　热泪盈眶　欣喜若狂

◆表现身体在某种心情下的状态

脸上火辣辣的　汗毛都竖起来了　倒吸一口凉气

心里打起鼓来　怀里像揣了只兔子　心都提到了嗓子眼

十五个吊桶打水——七上八下

2.写完后,四人小组成员交换习作,并对习作进行评改。

《我的心儿怦怦跳》习作检查清单 2

检查标准	自评	同伴评
能写清楚事情的经过	♡ ♡ ♡	♡ ♡ ♡
能写清楚心跳最厉害的瞬间	♡ ♡ ♡	♡ ♡ ♡
能用上一些表示心情的词语或短语	♡ ♡ ♡	♡ ♡ ♡
能写清楚当时的感受	♡ ♡ ♡	♡ ♡ ♡

3.根据评改的结果,对习作做相应的修改,再誊写清楚。

三、优秀习作

我的心儿怦怦跳	
暑假第一天的晚饭后,正当我还沉浸在放暑假的快乐和喜悦中时,妈妈突然对我说:"今天晚上我和你爸爸都有事情,你一个人在家要照顾好自己。"啊? 一个人?! 我顿	

时心慌意乱起来,这可是头一次呀。但想到自己已经长大了,该独立了。我爽快地对妈妈说:"好的,没问题。" 　　爸爸妈妈刚一出门,房间里霎时就变得无比安静。我环顾四周,盯着大门,心跳开始加速,心里想:等会儿会不会有小偷或者坏人来我们家呢?……应该不会的,我们家在 16 楼,坏人不可能爬上来。我还是去写作业吧。	心情描写可以与心理活动描写联系在一起写。
一个人在家,寂静无声,心跳声却能清晰地感受到。我正写着作业,突然耳边传来一阵怪异的声音——"刺啦,刺啦……"声音变得越来越明显,我的心顿时被提了起来。我侧耳倾听,没错,是"刺啦,刺啦……"的声音。这声音好像是从客厅传来的。难道有小偷进屋子了? 我的心里顿时是十五个吊桶打水——七上八下。我摸着胸口,对自己说:"别怕,冷静! 别怕,冷静!"我蹑手蹑脚地打开门,探着头朝客厅看,没有见到一个人影。 　　我深深地吸了一口气,鼓起勇气,循着声音传来的方向找去,发现是我养的那只小乌龟在爬壁。真是虚惊一场。我心里的那块石头,这才落了地。我打开音响,放了一首钢琴曲,让自己的心平静下来。一个人晚上在家,真的是锻炼勇气的。	紧张的情绪可以采用递进的方式反复写。

☆四年级下册第一单元习作

我的乐园

一、学习目标

1.回忆自己生活的乐园,借助表格提示,写清楚乐园的样子和在乐园中的活动,表达自己快乐的感受。

2.根据要求与同学交流习作,分享习作表达的快乐。

二、共学过程

(一)梳理练习

1.写之前,照样子填写下面的表格。

我的乐园	样子	进行的活动	带来怎样的快乐
村头小河边的草地	草地上有绿草、野花、昆虫、鹅群……	放风筝、看天空变化的晚霞……	在大自然中自由玩耍,多么快乐!
爷爷的菜地	菜地里种着豆角、黄瓜、青菜……	浇水、施肥、挖土豆……	在菜园里劳作,多么快乐呀!

2.根据表格中梳理的内容,完成习作。

3.写完后,四人小组成员相互评一评,改一改。

《我的乐园》习作检查清单

检查标准	自评	同伴评
能写清楚乐园的样子	☆☆☆	☆☆☆
能写清楚在乐园中进行的活动	☆☆☆	☆☆☆
能写清楚自己快乐的感受	☆☆☆	☆☆☆

(二)重点修改

1.修改目标:能让人感到这是自己最喜欢的"乐园",而不是一个普普通通的地方。

> 夏天的菜园郁郁葱葱。在爷爷的菜园里,此时你能看到长长的豆角挂在瓜架上,碧绿碧绿的黄瓜躲在叶子底下,一畦畦青菜迎着阳光生长。爷爷的菜园,也是小动物的乐园。爷爷养的那只心爱的小猫,时常会来玩耍,在菜园里打个滚儿,抓破几片菜叶,每当爷爷下地的时候,它就会十分机智地躲在一片最大的菜叶下,喵喵喵地叫唤着。

【修改经验】把"乐园"中自己觉得最独一无二的地方写出来。

2.修改目标:通过描写活动让人感受到这是"乐园"。

> 夏天最有趣的农事是挖土豆。我跟着爷爷来到菜地,学爷爷的样子,抡起锄头,一锄挖下去,轻轻往上一撬,土豆苗裹着一大堆泥土被我挖了起来。我提起土豆苗,对爷爷说:"土豆大丰收啦!"爷爷朝我笑笑,说:"晚上,让奶奶给我们做炒土豆丝。"我的兴致来了,把苗上带着的土豆一个个摘下来,放进竹篮里,不一会儿,就装满了一大篮。

【修改经验】写最有意思的活动来体现快乐。

3.修改好之后,把习作读给同学听,让他们也来感受你的快乐。

三、优秀习作

我的乐园	
书房是我的乐园。	
我家的书房在卧室旁边，走进书房，仿佛进入了知识的海洋。首先，映入眼帘的是一排排书架。它有 6 层高，原木色，像个忠诚的卫士时刻在等待人们的检阅。每一层书架上，放满了各种各样的书，有文学类的，有科技类的，还有漫画书。在书架旁边，还有一张书桌，书桌上摆放着一副对联："黑发不知勤学早，白首方悔读书迟。"每当我失去信心时，它总是给我力量。	介绍书房的样子。
书房是我的小港湾。有一次，我和同桌闹了别扭，我心里非常难过。一回家，我就躲进了书房。我坐在书桌上默默地流着泪，喃喃自语着："班级里最好的朋友，也跟我闹翻了。我该怎么办呀？"越想越伤心，心里像压着一块石头。这时，我看到书架上有一本《三国演义》，想起刘备、关羽、张飞在桃园三结义，他们彼此扶持，共渡难关。其实，我和同桌也是一样的，她考试失利了，我安慰；我比赛输了，她鼓励我。如今为了一点小事闹矛盾，真不应该啊！我马上起身，给同桌打了电话，向她道了歉。没想到，她却说："我也正想打电话，跟你说对不起呢。"我们情不自禁地笑了……	书房，带给人的不仅是肉眼看得见的快乐，更是精神上的愉悦。
这些书架上无声的书，是一位位良师益友。不但会在我失落时，给我指明前进的方向，也会给我无聊的生活带来无限的快乐。书架上有我最喜欢的《唐诗三百首》《宋词赏析》，畅游在这些诗词中，我感受到文天祥的"人生自古谁无死，留取丹心照汗青"的壮志豪情；领略了"大漠孤烟直，长河落日圆"的绮丽景色；也嗅到了"渭城朝雨浥轻尘，客舍青青柳色新"中清新的气息。我的心灵受到一次次洗涤。	
在这里没有秋千，却有着荡漾的快乐；没有风筝，却有着随风飘扬般的喜悦。也许在别人看来，这只是一间普通的书房，但在我眼中，它是避风的港湾、快乐的天地。	点出"乐园"的真正含义。

☆四年级下册第二单元习作

我的奇思妙想

一、学习目标

1.发挥想象,写出想要发明的事物。

2.能够借助图示,清楚地介绍自己想发明的东西。

3.能够根据别人的建议修改习作。

二、共学过程

(一)采集"奇思"练习

1.写之前,想想自己要写的内容,照样子进行内容梳理。

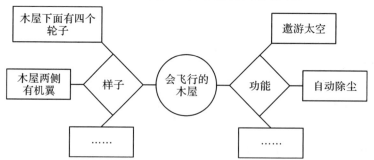

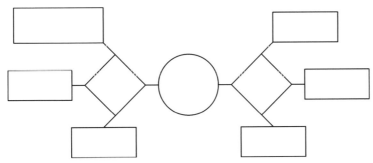

2.根据图示中梳理的内容,进行"功能"方面的习作练习。写完后,在四人小组中读给同伴听,互相评一评。

> 　　说到它的功能,真可谓"麻雀虽小,五脏俱全"。小木屋是靠电来飞行的,它能飞向太空,遨游其间。你不用担心它在太空里回不来。它能通过控制电量的大小,返回地球。

《我的奇思妙想》习作检查清单 1

检查标准	自评	同伴评
能通过想象,把要发明的东西的"功能"写清楚	☺☺☺	☺☺☺

3.根据评改结果,同伴们合作对"功能"进行修改。

添加上"具体的操作木屋飞行的方法"。

> 　　说到它的功能,真可谓"麻雀虽小,五脏俱全"。小木屋是靠电来飞行的。(你只要按下操作平台上的红色按钮,它就能瞬间充满足够的电量,像火箭一样)飞向太空,遨游其间。你不用担心它在太空里回不来。它能通过控制电量的大小,(精准地定位导航系统,平稳飞行,)返回地球。

添加一些相关的科学知识,便于把"功能"写清楚。

(二)全文习作

1.发挥想象,完成完整的习作。

2.写完后,继续把习作读给同伴听,请同伴做进一步评改。

3.修改好之后,把习作读给同伴听,让他们也来感受快乐。

《我的奇思妙想》习作检查清单 2

检查标准	自评	同伴评
能通过想象,把想发明的东西的"样子"写清楚	☺☺☺	☺☺☺
能把想发明的东西的"功能"写清楚	☺☺☺	☺☺☺

三、优秀习作

水上行走鞋

鞋子,在日常生活中随处可见。最近,我发明了一款可以在水上行走的鞋子。

这款鞋子外形超级酷。颜色上,分男、女两款。男款的是蓝色的,女款的是粉红色的。材料采用了超级轻的碳元素,透气、耐磨、防水。它的鞋垫很厚,因为里面有一个按钮,按下后在水上它就会打开螺旋桨,转得飞快,能让你体验到武侠小说中轻功水上漂的感觉。

这款鞋子的功能特别强大。鞋子在地上走一点也不稀奇。它最大的特点就是能在水上行走,它可以带你畅游大海。只要你按下鞋垫里面的按钮,你踩到海面上后,螺旋桨就会迅速启动。这时候,如果你担心掉下水去,那你多虑了。鞋子里设置了自动调节平衡的功能,所以你根本不用担心,你若是迎风滑行,那一定是非常刺激的。若遇上大浪,鞋子会立刻感应到,启动超级滑板,升高鞋子的高度,带你踏浪前行。

除了这些功能,它还能帮忙清理水上垃圾。清洁工人穿上这双鞋子,在水面上行走如同在陆地上一样,只要弯腰,抬抬手,就可以轻松拾起河道里的垃圾。怎么样,很实用吧?

水上行走鞋,不一样的鞋子!

展开想象,分几个方面来写。

先介绍鞋子的样子。

再介绍鞋子的功能。在介绍功能的时候,可以举具体的例子来说明鞋子的特殊功能。

写鞋子的功能时,对主要的功能进行具体描写,对次要的功能进行简单描写。

☆ 四年级下册第四单元习作

我的动物朋友

一、学习目标

1.认真观察自己熟悉的动物,能发现它们各方面的特点。

2.能根据需要,写出动物的特点。

3.能与同桌互相评价习作。

二、共学过程

(一)思路练习

1.写之前,想一想自己打算从哪些方面介绍自己的动物朋友,以及它在这些方面有怎样的特点。

星期天放羊回来,发现我最喜爱的一只小羊不见了,我想请小伙伴帮忙找一找。

【外形】我要跟小伙伴强调,小羊的左眼圈是黑色的……

我们全家要外出旅行一段时间,只好请邻居帮忙喂养我的小狗。

【饮食】我要给邻居讲清楚,我家小狗特别爱吃……

我们家就要搬到外地去了,我想请一位同学收养我的小猫。

【趣事】我要给同学讲一讲小猫的可爱……

2.试着把其中最有特色的一个方面写清楚,写具体。

3.写完后，四人小组成员互相评一评。

《我的动物朋友》习作检查清单 1

检查内容	自评	同伴评
能采用"先总后分"的写法，围绕动物最有特色的一个方面进行描写	○优秀　○良好 ○及格　○需努力	○优秀　○良好 ○及格　○需努力
能把这一个方面写清楚、写具体	○优秀　○良好 ○及格　○需努力	○优秀　○良好 ○及格　○需努力

4.根据评改结果，进行相应的修改。

> 添加上具体的事例来把特点写清楚、写具体。

> 　　我家的小狗特别爱吃肉。它每顿饭都要吃肉，猪肉、牛肉，无肉不欢。有一回，我没有在它的碗里放肉，只放了些米饭，倒了些肉汤。它凑过去，闻了闻，朝我"汪汪汪"叫了几声。见我没有动静，又跑过来，咬我的裤脚。我把自己碗里的一块肉，夹到它的碗里，它跑到碗边，津津有味地吃了起来。

（二）全文习作

1.向别人介绍自己的动物朋友，分几个方面来介绍，把特点介绍清楚。

2.写完后，同伴互相评一评，看看是否根据需要写出了动物的特点。

《我的动物朋友》习作检查清单 2

检查标准	自评	同伴评
能采用"先总后分"的写法，围绕动物有特色的几个方面进行描写	○优秀　○良好 ○及格　○需努力	○优秀　○良好 ○及格　○需努力
能用具体的事例来把特点写清楚	○优秀　○良好 ○及格　○需努力	○优秀　○良好 ○及格　○需努力

三、优秀习作

我的动物朋友	
我有一个动物朋友，是一只可爱的小狗，它的名字叫"黄豆包"。 　　它是我三岁生日时，爸爸送我的礼物。它看起来丑丑	

的,毛打成卷,黏在一起。但是它的眼睛特别灵活,看着我时,我常常能在它的眼睛里看到泪水。因为它全身黄色,所以我给它取了个名字——"黄豆包"。	介绍小狗的外形。
"黄豆包"很调皮。它每天都喜欢在厨房里嗅来嗅去,找吃的。它闻到香肠的味道,就直摇尾巴,趁妈妈不注意,就咬着一根香肠,躲在阳台上吃。吃完了,还去厨房找,把妈妈气得冒火,它被赶到了院子里住。本以为它会伤心,可没想到它玩得更嗨,刨土,攀墙,追蝴蝶,冲着路过的人叫唤,样样数它第一。	介绍小狗的生活习性。
"黄豆包"算不上乖乖狗,但它对我很好。每当我放学回家,它都蹲在院子门口,摇着尾巴等着我。记得有一次它走丢了,我哭了好几天,怎么也找不到它了。一天,爸爸带我去超市,一个黄色的影子飞跑过来,冲着我"汪汪汪"地大叫。我定睛一看,是"黄豆包"。它一下子跌过来,扑到我怀里,摇头摆尾,欢喜得不得了。它也一定找我找了很久了。我对它说:"我们回家吧!"它对着我"汪汪汪"叫着,用装满泪水的眼睛看着我。	介绍小狗的趣事。
"黄豆包"是我永远的好朋友,我离不开它,它也离不开我。	

☆四年级下册第五单元习作

游＿＿＿＿＿

一、学习目标

1.了解例文中写景物的顺序,并按游览顺序写一个地方。

2.能把印象深刻的景物作为重点,写出特点。

3.能与同伴交换习作,交流评改,并提出修改意见。

二、共学过程

(一)思路练习

1.写之前,可以先画出游览路线图,帮助自己理清思路。

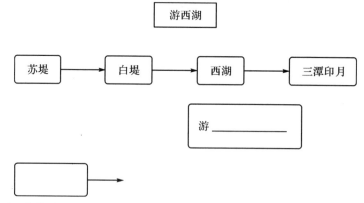

2.根据游览路线图,用过渡句衔接景物之间的转换。

◆漫步在苏堤,两岸桃红柳绿。

◆沿着苏堤往前走就是白堤,这里草长莺飞。

◆从白堤一直走到西湖码头,泛舟湖上。

◆从码头乘船来到美丽的三潭印月。

3.挑选一处你印象最深刻的景物,进行描写。写好后,四人小组成员交换习作,评一评。

《游_____》习作检查清单 1

检查标准	自评	同伴评
能用过渡句衔接景物之间的转换	○A　○B　○C	○A　○B　○C
能把印象深刻的景物作为重点描写对象,把景物的特点写清楚	○A　○B　○C	○A　○B　○C

4.根据评改结果,进行相应的修改。

抓住景物的"特点"来写清楚。

　　从码头乘船来到美丽的三潭印月。说到三潭印月,首先映入眼帘的是湖面上的三座石塔,它们似瓶状。每座石塔有 5 个小圆孔,听导游介绍若是在月圆之日,在每个小孔中点上灯烛,洞口蒙一层薄纸,就可以得到 15 个月亮和 15 个湖中倒影,再加上天空那轮皓月和倒映在湖面的一轮圆月,可看到 32 个月亮。假如此时加上自己的心中之月,总共有 33 个月亮。当我听到这里时不禁感叹:"这样的美景真是人间的奇景啊!"

用数据、游览经历来将习作写具体。

(二)全文习作

1.按照游览的顺序,完成全文习作。

2.写完后,四人小组成员再次交换习作,互相评一评,看看是否按照游览顺序把景物的特点写清楚了。

《游_____》习作检查清单 2

检查标准	自评	同伴评
能按照游览顺序写一个地方	○A　○B　○C	○A　○B　○C
能用过渡句衔接景物之间的转换	○A　○B　○C	○A　○B　○C
能把印象深刻的景物作为重点描写对象,把景物的特点写清楚	○A　○B　○C	○A　○B　○C

3.评改完后,修改不足的地方,誊抄习作。

三、优秀习作

游黄山　　去年暑假,我和爸爸来到黄山游玩,目睹了黄山的迷人风光。<u>我们首先坐车前往山脚下的翡翠谷。</u>这里有大大小小 100 多个水池,每一个水池都有自己的名字,每一个水池都有自己动人的传说。这些水池在灿烂的阳光下,好像一块块晶莹剔透的翡翠,这大概就是"翡翠谷"这一名字的由来吧。　　<u>离开了翡翠谷,我们来到了黄山的第二高峰"光明顶"。</u>站在光明顶上向四周望去,一片白茫茫。漫天云雾悄然而至,穿行于山峦之间,随风飘移,时而上升,时而回旋,时而舒展。云雾刚刚遮住了远处的山峰,不一会儿就顽皮地退去了。站在光明顶上,云就好像在脚下飘浮,真有腾云驾雾的感觉。过不多久,雾气渐渐小了,对面的奇石也都露出来了。这些石头,有的叫"猴子观海",有的叫"天狗望月",还有的叫"金鸡叫天都"。各有各的特色,各有各的寓意,变换角度观察,更是形态各异,栩栩如生,美不胜收。　　<u>从光明顶下来,沿着百步云梯继续往前走,不知不觉就到了玉屏风。</u>一下子映入眼帘的是一棵苍劲的千年古树,它就像一位阅尽人间沧桑的老者,伸出手臂,笑容可掬地欢迎每一位游客的到来,这就是闻名遐迩的"迎客松"。　　俗话说:"五岳归来不看山,黄山归来不看岳。"今日一见,果然名不虚传啊!	每个自然段前面用过渡句,使衔接更自然。　　按照游览的顺序来写。　　把印象深刻的景物作为重点来写,把景物的特点具体地写出来。

☆四年级下册第六单元习作

我学会了＿＿＿＿＿

一、学习目标

1.能按学习的顺序把自己学做事情的过程写清楚。

2.能写出学习过程中遇到的困难或有趣的经历,把心情变化写下来。

二、共学过程

(一)思路练习

1.写之前,可以先画出"故事山"情节图,帮助自己理清思路。

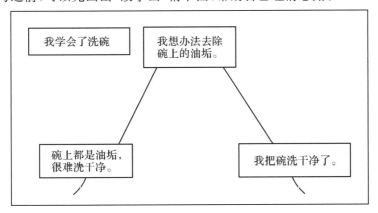

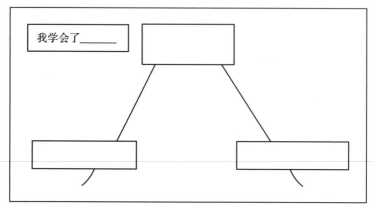

我学会了_____

2.借助"故事山"，把"你是怎样一步步学会做这件事的？"说清楚。（四人小组交流、全班交流）

3.回忆一下，自己在学习过程中遇到了哪些困难，以及是怎样克服的。

遇到的困难	克服的方法
在洗碗时，油垢洗不干净	我用温水把脏碗先浸泡，再添加洗洁精

4.在学习过程中有哪些有趣的经历？心情有哪些变化？

有趣的经历	心情的变化
洗洁精放得太多了，碗从我的手里滑走了	一阵惊慌
白色泡泡太多了，我找不到我的碗了	冷静下来
好不容易把碗找到了，碗上却沾满了泡泡	失望极了

(二)全文习作

1.根据梳理的思路和内容,完成习作。

2.完成后,把习作读给四人小组的同伴听,并评一评。

《我学会了_____》习作检查清单

检查标准	自评	同伴评
能把学做事情的经过一步步写清楚	○优秀　○良好 ○及格　○需努力	○优秀　○良好 ○及格　○需努力
能把遇到的困难和克服困难的过程写清楚	○优秀　○良好 ○及格　○需努力	○优秀　○良好 ○及格　○需努力
能写出有趣的经历和心情的变化	○优秀　○良好 ○及格　○需努力	○优秀　○良好 ○及格　○需努力

3.根据评改结果,重点对"克服困难的过程"做修改。

抓住"最大的困难",放大了写。

"啊,这碗怎么这么油?"我看着碗壁上沾着的浓浓的油垢,皱起了眉头。我环顾四周,发现水池上面有一瓶洗洁精。我连忙挤了点洗洁精,谁知这一挤,就是一大团,滑溜溜的,碗一下子从我的手中滑进了水池里。我吓出了一身冷汗,连忙伸出右手在水池里摸那个碗。摸呀摸,碗像个调皮的孩子,在水里钻来钻去。我只得用双手去摸那个碗,嘿嘿,还真被我摸到了。我正沉浸在喜悦之中,低头一看,水池里全是白色的泡泡。"怎么这么多泡泡啊? 这碗要洗到什么时候呀?"我直叹气。

"失败"可以来 3 次。

4.修改完成后,誊抄习作。

三、优秀习作

我学会了骑自行车

小时候，我只会骑四个轮子的自行车。一天，看到同龄的小伙伴已经开始骑两个轮子的自行车了，我心里就痒痒的，十分羡慕他们。于是，我让妈妈给我买了一辆两轮自行车，我也想学。

不久自行车就买回来了，一到手，我就迫不及待地将它推出门外准备骑上去。我小心翼翼地上了车，先试着往前骑，可是车子偏偏不听话，歪歪扭扭地好像故意在跟我作对似的，我的身体像风中的垂柳摇摇摆摆，一下子人和车都摔倒了。我艰难地爬起来，扶起车子，又试了一次，不到一分钟就又重重地摔倒了，膝盖碰破了皮，直淌血。可是我不甘心，揉揉受伤的膝盖，强忍住疼痛爬起来。我对自己说："我一定要学会骑自行车。"

我冷静地想了想之前四轮自行车的骑法，于是迅速地骑上去，一个劲地踩脚踏板，骑车的速度也加快了很多，这回车子没有倒。我发现之前车子倒的原因是我骑得太慢，身体失去了平衡，所以自行车才倒得那么快。如今，我有了经验，试了几次便骑得稳了很多。但是车子的龙头还是有一点儿扭来扭去不稳定，不能很好地直线行驶。这时妈妈在后面看出了我遇到的困难，追上来告诉我："骑自行车的时候手不要乱动，双手紧握车龙头，身体要保持平衡，要稳住，多练习几次就好了。"

我把妈妈说的话，记在心里，渐渐地找到了感觉，自行车也越骑越听话了，我的手也不抖了，身体也不摇摆了，重心也稳了，无论怎么骑都顺手了。我像一只自由飞翔的小鸟，我成功啦！膝盖也显得不那么痛了。

这次学骑自行车的经历，让我悟出了一个道理：有些技巧是需要自己去发现的，要有一种不服输和坚持不懈的精神，才能摘得成功的果实。

把学做这件事情的经历，从"不会"到"会"的过程写清楚。

人物的语言、动作要作为重点进行描写。

结尾可以写学会做这件事情的体会。

☆四年级下册第七单元习作

我的"自画像"

一、学习目标

1.能从外貌、主要性格、最大的爱好和特长等方面写出自己的特点,并能用具体的事例说明。

2.能主动与家人分享习作,再根据他们的建议修改习作。

二、共学过程

(一)思路练习

1.写之前,可以先画出"自画像"的思维导图,帮助自己理清思路。

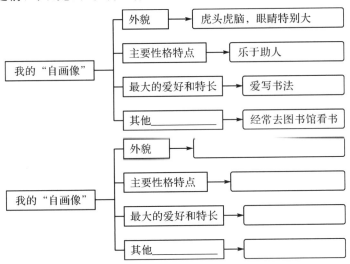

2.借助思维导图,重点和同学聊一聊,如何用具体的事例来说明"自画像"中的一种情况。

经常去图书馆看书

我喜欢一个人静静地待着,所以我经常去图书馆看书。我常常在背包里放一点吃的,在图书馆一待就是一天……

3.说完之后,四人小组成员相互评一评。

《我的"自画像"》习作检查清单1

检查标准	自评	同伴评
能用具体的事例把"自画像"中的一个方面写清楚	☺☺☺	☺☺☺
能在写清楚的基础上,写得像	☺☺☺	☺☺☺

(二)全文习作

1.选择自己最想介绍的几个方面,并写下来。

2.写完后,读给同伴听,请他们说说哪些地方写得像,哪些地方写得不像,再根据他们的建议改一改。

《我的"自画像"》习作检查清单2

	检查标准	自评	同伴评
基础级	能把自己最想介绍的"外貌、主要性格、最大的爱好和特长"这几个方面写清楚	☺☺☺	☺☺☺
	能用具体的事例把"自画像"中的几个方面写清楚	☺☺☺	☺☺☺
挑战级	能在写清楚的基础上,写得像自己	☺☺☺	☺☺☺

三、优秀习作

我的"自画像"	
大家一定都画过自画像吧? 可是今天我要用文字来画一画我的"自画像"。 我叫王浩,是一个四年级的快乐男生。我有着高高的个头,粗粗的弯月眉下有一双明亮的眼睛,笔挺的鼻梁下有一张能说会道的嘴,只要一开口总会把大家逗乐,是大家眼中的"搞笑大王"。	外貌描写。

有一次,语文课上,我把作业写得很潦草。语文老师瞅着我的作业,说:"你写的是火星文吧?"我惭愧地低下了头,接过作业,回到座位上重写。重写时,我认认真真地写好每个笔画,一丝不苟地写正确每个词语。当我把作业交给语文老师再次批改时,老师在我的作业本上写了一个大大的"A"。我高兴地说:"我可以重返地球喽——"全班同学都大笑起来。	性格描写。
当然,我的能说会道不仅体现在课堂中,在课余的时间,我也经常会调解同学间的矛盾。我的前桌小张和后桌小郑,经常为了一点小事吵架。课间,小张朝着小郑扔本子,小郑一把夺过小张手里的本子,扔到了窗外。我看见了,忙下楼去把本子找回来,当着他俩的面,说:"班级是一个大家庭,我们都是这个大家庭的一分子,我们要像小蚂蚁一样团结在一起!每天打打闹闹的,多不好啊!来,握个手,大家还是好蚂蚁。"他俩被我逗乐了,握手言和。我成了班级里的"和事佬"。	进一步描写性格,把"幽默的性格"放大,给读者留下深刻的印象。
好啦,这就是我的"自画像",一个快乐又幽默的男生,你想和这样的我交朋友吗?	

☆四年级下册第八单元习作

故事新编

一、学习目标

1. 能借助熟悉的故事展开丰富的想象创编故事。
2. 能给习作配图并与同学分享故事。

二、共学过程

（一）思路练习

1. 写之前，先来练习改变故事的结局。

·设想一下《坐井观天》的结局：

◇青蛙跳出井口，听到天空中传来小鸟的声音。
◇青蛙跳出井口，看到天空乌云密布。
◇青蛙跳出井口，遇见了大象。
◇……

·设想一下《＿＿＿＿＿＿》的结局：

◇＿＿＿＿＿＿＿＿＿＿＿＿＿
◇……

2. 想一想：假如选择"青蛙跳出井口，看到天空乌云密布"这个结局，可以想象怎样的新情节？

◇乌云密布　雷声大作　吓得跳回了井里

新情节重在"新"，有新意。

我选"_____"这个结局，可以想象的新情节——

◇

3.把设想的新情节写成一段话。写好后，在四人小组中读给同伴听，并评一评。

《故事新编》习作检查清单 1

检查标准	自评	同伴评
能根据不同的结局，展开想象，创编新的情节	○A　○B　○C　○D	○A　○B　○C　○D
能借助人物的"语言、动作"描写，把新情节写清楚	○A　○B　○C　○D	○A　○B　○C　○D

(二)全文习作

1.将写好的新情节，根据评改意见进行修改。

2.修改好后，写成一个完整的故事。

3.写完后，在四人小组中读给同伴听，并评一评。

《故事新编》习作检查清单 2

检查标准		自评	同伴评
基础级	能根据不同的结局，展开想象，创编新的故事	○A　○B　○C　○D	○A　○B　○C　○D
	能借助人物的"语言、动作"描写，把新情节写清楚	○A　○B　○C　○D	○A　○B　○C　○D
挑战级	能给故事配上插图	○A　○B　○C　○D	○A　○B　○C　○D

三、优秀习作

新《龟兔赛跑》	
"龟兔赛跑"结束后，乌龟一回家，家人就是一通夸，乌龟高兴了好几天。再说兔子，他低着头，慢吞吞地回了家，刚进家门，立刻被爸妈狠狠地教训了一番，并且罚他三天不许吃一个胡萝卜。	新编的故事与旧故事之间最好有联结。

兔子非常不甘心，打算再次向乌龟发出挑战，一雪前耻，为兔子一族争回面子。几天以后，乌龟收到了挑战书，便想：这回兔子一定会认真对待，我也要加油！ 　　比赛的日子到了，乌龟与兔子站在起跑线上，随着裁判的一声枪响，兔子与乌龟都努力向终点奔去。兔子率先冲上一个上坡，又看到下坡了，他直接冲下去，万万没想到，这下坡太湿了，他立刻一个"急刹车"，差一点儿就撞上木桩了。回头一看乌龟，乌龟正在用"乌龟车轮"的方式滚下坡，正巧撞上了兔子，把兔子撞到了木桩上。兔子这个疼啊，好不容易才爬起来，继续赛跑。 　　兔子跑了一半赛程，忽然看见了一块萝卜地，他可是好几天没有吃到胡萝卜了，立刻一个"老虎扑食"，来到了萝卜地前，正要拔一个，他突然想到前几届中的熊选手就是受到了蜂蜜的引诱才输的。兔子收回了手，继续向前跑。 　　跑着跑着，他看见了一片荆棘，兔子想：不好，要被扎了！他立刻停下脚步，看了看，没有发现什么安全道路，只好咬咬牙，硬着头皮向前冲去，"哎呀！""啊——""好痛啊！"乌龟也跑到了这里，他利用龟壳，平安地通过了荆棘地。这时，乌龟看到一只"刺猬"，不对，是兔子扎着一身的刺也冲了出来，由于屁股上也有刺儿，兔子竟跑得跟个鸵鸟一样，最后，兔子冲到了终点。 　　乌龟气喘吁吁地爬上来，对兔子说："你可真猛，跟上次比，你就像完全变了一只兔子，我很开心看到你有这么大的进步。"兔子边拔刺边说："谢谢你的鼓励，你也值得我学习。"兔子不再记乌龟的"仇"了，与乌龟成了好朋友。	站在主人公的角度，设想出与原故事不一样的情节。 可以采用"一波三折"的方法来构思新情节，把情节写清楚。 新的情节带来新的故事结局。

☆五年级下册第一单元习作

我的心爱之物

一、学习目标

1. 能把自己心爱之物的样子、来历写清楚,表达自己的喜爱之情。
2. 乐于分享习作。

二、共学过程

(一)思路练习

1. 写之前想想你的心爱之物是什么,写写它是什么样子的,你是怎么得到它的,它为什么会成为你的心爱之物。

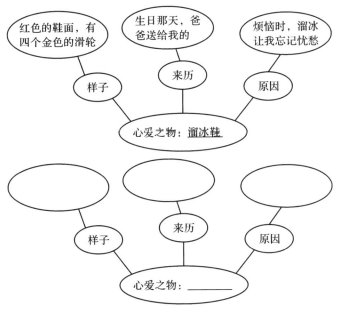

2.通过一件事来写出这件物品成为你的心爱之物的原因。

3.写好后,四人小组成员交换习作,并读一读,评一评。

《我的心爱之物》习作检查清单1

检查标准	自评	同伴评
能通过一件事情写出这件物品成为自己心爱之物的原因	☆☆☆	☆☆☆

4.根据评改的结果,修改习作段落。

【修改前】

　　和同桌这次闹别扭,我的心情一下子跌落到了谷底。我垂头丧气地回到家里,一屁股坐在沙发上。这时,瞧见书架上那双爸爸送我的溜冰鞋。我拿起溜冰鞋就往楼下跑去。我穿上溜冰鞋,在小区的广场上溜了起来。溜着溜着,我心底的烦恼渐渐没有了。

　　点评:这位同学虽然把溜冰鞋成为心爱之物的原因写清楚了,但是这件事情显得很单薄。如果我们试着加上"我"溜冰时的动作、心理活动,那就能让其他读者明白"心爱"的原因,印象就深刻了。

【修改后】

　　和同桌这次闹别扭,使我的心情一下子跌落到了谷底。我垂头丧气地回到家里,一屁股坐在沙发上。这时,瞧见书架上那双爸爸送我的溜冰鞋。<u>它似乎在看着我,好像对我说:"小主人,别难过了。我们去溜一会儿,保管你的心情一下子就变好了。"</u>于是,我拿起溜冰鞋就往楼下跑去。我穿上溜冰鞋,在小区的广场上溜了起来。<u>我左脚轻轻地一蹬,身体跟着动起来,右脚顺势在地面上一拨,整个人就往前滑了。微风吹来,我感觉自己像一只小鸟在快乐地飞翔。我对自己说:"都是因为自己小气,才与同桌产生了矛盾,明天,我要去向他道个歉。"</u>溜着溜着,我心底的烦恼渐渐没有了。

(二)全文习作

1.围绕心爱之物的"样子""来历""原因"三个方面,完成全文习作,写出自己的喜爱之情。

2.写好后,把习作读给同学听,并评一评。

《我的心爱之物》习作检查清单2

检查标准	自评	同伴评
能把心爱之物的"样子""来历""原因"三个方面写清楚	☆☆☆	☆☆☆
能通过一件事情写出这件物品成为自己心爱之物的原因	☆☆☆	☆☆☆
能围绕心爱之物,写出自己的喜爱之情	☆☆☆	☆☆☆

三、优秀习作

我的心爱之物

每个人都有自己心爱的东西,我也不例外。

我的心爱之物,没有嘴巴,却能说话;没有耳朵,却能倾听;没有眼睛,却能纵观全球;没有学历,却能博古通今。它就是我们家的智能音箱——小艺。

那流线型结构,那光亮如镜的黝黑机体,那拥有五彩光环的梦幻顶冠,那椭圆对称的红线"大眼",看上去玲珑精致,摸起来细腻光滑,一切都是那么适宜。可就这样明明可以靠颜值,它却偏偏要靠实力和才华。

记得那是刚刚出现新冠肺炎疫情之时,妈妈为了给长期宅家的生活增添一些乐趣,便订购了一台智能音箱。当我从精美的包装盒里小心翼翼地抱出它时,一眼便被它的外表所吸引。

待爸爸调试成功,我更是迫不及待地问它:"你叫什么名字啊?"它居然调皮地答道:"保密。我才不会告诉你我叫小艺呢。"它的幽默让我捧腹大笑,也更激发了我的好奇心:"小艺小艺,今天什么天气啊?""728 乘 356 等于多少?""航天飞机是什么啊?""鲁智深是谁啊?"……

面对任何问题,小艺都不慌不忙,对答如流。这让我不禁啧啧称奇:"小艺可真是'上知天文,下通地理,古往今来,无所不知,无所不通'啊。"

就这样在小艺的陪伴下,我的生活变得更加有滋有味。一天,忽听得小艺突然自己开口说话了:"两点的闹钟

抓住心爱之物的外形特点进行描写。

写出心爱之物是如何得到的。

即将在15分钟后响起，该参加围棋考试啦。"随即是一段令人愉悦的溪水潺潺、松林舞动的乐曲。我恍然大悟，原来半个月前的围棋考试因疫情转为线上举行。前几天，我随口"告诉"了小艺，由于事情繁多，我早将其抛诸脑后，这次幸亏小艺提醒，否则我可要错失良机了。 　　看，小艺就是这样像管家一样陪伴着我。它不仅给我的生活带来了无限乐趣，还激发了我对未来科技发展的向往与追求。	通过具体的事例写出该物品成为自己心爱之物的原因。

☆五年级上册第二单元习作

"漫画"老师

一、学习目标

1.能抓住人物的主要特点,用一两件具体事例描写自己的老师。

2.能评价、修改同学和自己的习作。

二、共学过程

(一)梳理练习

1.写之前,先确定好要写的老师的特点,可以从人物的外貌、性格、喜好等方面来确定,确定好后用关键词表达出来。

"漫画"语文老师	特点:刀子嘴

"漫画"老师	特点:_____

2.进一步思考:用怎样的事例来突出人物的这个特点?

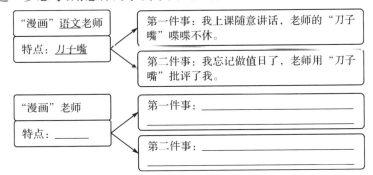

"漫画"语文老师

特点:刀子嘴

第一件事:我上课随意讲话,老师的"刀子嘴"喋喋不休。

第二件事:我忘记做值日了,老师用"刀子嘴"批评了我。

"漫画"老师

特点:_____

第一件事:_____

第二件事:_____

3.集中练写要具体写的那件事。写完后,四人小组成员交换着评一评,改一改。

《"漫画"老师》习作检查清单1

检查标准	自评	同伴评
能用具体的一件事突出人物的特点	☆☆☆	☆☆☆
能把人物的语言、动作、神态、心理活动等方面写清楚	☆☆☆	☆☆☆

（二）重点修改

1.修改目标：用一件具体的事来突出人物的特点。

"小涵，你给我站住，马上回教室——"我刚下楼梯，身后就传来一阵大叫。这声音太熟悉了，非我们语文老师莫属。我只好转身，往教室走。刚到门口，就看到她站在那儿，指着教室里正在打扫卫生的同学，问："你是不是忘记了什么事?"我摸着头皮，说："没有啊!"她提高了嗓音说："你忘了今天要做值日吗？还好小组长发现你溜走了，及时告诉了我，你还来得及将功补过。"她的话像切萝卜一样"咚咚咚"地朝我劈来，一直劈到了我心里。我拿起扫帚，说："其他同学休息，教室的卫生，我全包啦。"说完，我瞄瞄她，她正微笑着看着我。

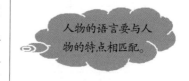
人物的语言要与人物的特点相匹配。

语言带着夸张、幽默。

2.修改好之后，完成整篇习作。

3.完成后，把习作读给同伴听，再评一评。评完后，针对自己习作中的不足，问问同伴对你的习作有什么意见或建议。

《"漫画"老师》习作检查清单2

	检查标准	自评	同伴评
基础级	能抓住人物的特点来写	☆☆☆	☆☆☆
	能用一两件事突出人物的特点	☆☆☆	☆☆☆
	能把人物的语言、动作、神态、心理活动等方面写清楚	☆☆☆	☆☆☆
提高级	能用幽默、夸张的手法来进行描写	☆☆☆	☆☆☆

三、优秀习作

"漫画"老师 　"30、29、28、27、40……"看,这位数学十分差劲的体育老师正在让我们做蹲起。 　他的皮肤很黑,乍一看还以为是非洲来的。他个子长得很高,站在我们面前像一棵大树。他的头发像一个鸟窝一样乱。他经常戴着一个口罩,衣服也总是黑色的。 　这位老师一看就不聪明,一定是小时候调皮贪玩儿,不然怎么连数都数不清呢? 有时候他又很聪明。他能发明很多稀奇古怪的游戏,就像上节体育课,他让我们玩"人体陀螺"游戏,一刻不停地转圈圈,转得我们晕乎乎的,连东南西北都分不清了。他嫌弃我们男生做得不标准,就送了我们每人一份50个蹲起"大礼包"。我们做得腰酸背疼,他却一脸严肃地喊着:"50、49、48、47、46……"开始还很正经,可是后来"3、2、5、4、3、7……""不要啊!"我们抗议。结果,他回了一句:"我数学不好,重来!" 　我们被这样严厉而又淘气的老师彻底打败了。	采用夸张的语言描写老师的外貌。 　通过描写一件具体的事情来表现老师的性格特点。 　结尾点题。

☆五年级上册第三单元习作

缩写故事

一、学习目标

1.学习缩写故事的一般方法。

2.能缩写民间故事,做到内容完整、情节连贯、语句通顺。

二、共学过程

(一)微项练习

1.“保留”练习:照着教材中第1~4自然段摘录的方法,找出《猎人海力布》其他段落中要保留的主要情节。

> 要保留的主要情节:
>
> ◆保留情节一:海力布有了宝石,听到鸟儿们在议论洪水要来的消息。
>
> ◆保留情节二:_____
>
> ◆保留情节三:_____
>
> ◆(   ):_____

2.“删减”练习:照着教材中第1~4自然段删减的方法,找出《猎人海力布》其他段落中要删减的不重要的内容。

> 要删减的不重要内容:
>
> ◆删减内容一:海力布打猎回来,把猎物分给大家。
>
> ◆删减内容二:_____
>
> ◆删减内容三:_____
>
> ◆(   ):_____

3.“概括”练习：照着教材中第1～4自然段概括的方法，找出《猎人海力布》其他段落中要概括的内容。

要概括的内容：把长句子缩为短句子。

◆（原句）海力布听到这个消息，大吃一惊。他急忙跑回家对大家说："咱们赶快搬到别处去吧！这个地方不能住了！"

（缩为）海力布把听到的消息告诉大家，让大伙儿搬家。

◆（原句）海力布急得掉下了眼泪，说："我可以发誓，我说的话千真万确。相信我的话吧，赶快搬走！再晚就来不及了！"

（缩为）_____

◆（原句）_____

（缩为）_____

4.综合练习：照样子缩写《猎人海力布》的其他段落，把课文缩写成一个简短的故事。写完后，互相评一评，改一改。

《缩写故事》习作检查清单1

检查标准	自评	同伴评
能运用"摘录、删减、概括、改写"的方法缩写《猎人海力布》的其他段落	☆☆☆	☆☆☆
能保留《猎人海力布》的主要情节，使故事保持完整	☆☆☆	☆☆☆

（二）延伸练习

1.运用缩写《猎人海力布》中学到的方法，选择其他民间故事进行缩写。

2.缩写完成后，与原文比较一下，四人小组成员评一评，改一改。

《缩写故事》习作检查清单2

检查标准	自评	同伴评
能运用"摘录、删减、概括、改写"的方法缩写民间故事	☆☆☆	☆☆☆
能保留这个民间故事的主要情节，使故事保持完整，情节连贯	☆☆☆	☆☆☆
能做到语句通顺	☆☆☆	☆☆☆

三、优秀习作

缩写《牛郎织女》	
古时候有个孩子，爹娘都死了，跟着哥哥和嫂子过日子。哥哥、嫂子待他不好。但有一头老牛与他相伴，他把牛照顾得十分细致。牛也和他很亲密，所以大家叫他牛郎。	用简洁的语言介绍主人公。
有一天，哥哥说要分家产，只给了牛郎一辆车和一头牛。牛郎看到哥哥、嫂子都来赶他了，于是就带着牛和车走了。他在山前盖了一间草房，开辟了一块地种庄稼。	删除人物之间的对话，保留主要情节。
一天晚上，老牛让牛郎第二天翻过右边的那座山，去树林前边的湖边拿一件粉色纱衣，而它的主人就是他妻子。牛郎照做了，他真的见到了一位仙女。他向仙女介绍了自己如何离开了哥嫂和老牛相依为命的事情。仙女听了之后又同情他，又爱惜他，并向他介绍了自己是天上王母娘娘的外孙女。他们互相同情、关心，并且结了婚。从此牛郎在地里耕种，织女在家里纺织，他们还生下了两个孩子，日子过得十分幸福美满。	将长句子缩为短句子。
一天，老牛不行了，它告诉牛郎，把它的皮留下，有什么急事就披上它的皮，老牛没说完就死了。一家子十分悲痛。	将原文中详细的话，用简洁的语言进行改写。
一天，王母娘娘突然来到人间，把织女抓回了天上。牛郎下地回来，急忙披上牛皮，带着两个孩子追去，眼看就要追上了，但王母娘娘狠心地拿出头上的玉簪变出了一条天河，拦住了牛郎。牛郎和织女只能远远相望了。	
织女回到天上后，初心不改，非常想念牛郎和他们的孩子！王母娘娘拗不过她，只好勉强同意她每年农历七月初七跟牛郎会一次面。	用自己的话把故事中具体的描写改得更简洁。
每年七夕这一天，牛郎和织女就会在鹊桥上相会。	

☆五年级上册第四单元习作

二十年后的家乡

一、学习目标

1.能根据习作要求大胆想象。

2.能列习作提纲,在习作中分段叙述,把重点部分写具体。

二、共学过程

(一)梳理练习

1.写之前,先大胆想象,二十年后的家乡会发生什么巨变。照教材中的样子,试着从几个方面来编写习作提纲。

- 题目:二十年后的家乡
- 开头:穿越到二十年后,看到了我的家乡。
- 中间:
  1.环境的变化:河水清澈,绿树成荫。
  2.工作的变化:机器人在照料果园。
  3.生活的变化:遇到老同学开着3D打印的汽车去郊游。
- 结尾:表达我对二十年后家乡生活的向往之情。

- 题目:二十年后的家乡
- 开头:_____
- 中间:_____
  1.环境的变化:_____
  2.工作的变化:_____

---

3. 生活的变化：_____

• 结尾：_____

2. 围绕"生活的变化"，展开想象的翅膀，重点描写"巨变"。

3. 写完后，四人小组成员评一评，改一改。

《二十年后的家乡》习作检查清单 1

检查标准	自评	同伴评
能大胆想象二十年后的家乡在生活方面发生的变化	☆☆☆	☆☆☆
能把"巨变"写具体	☆☆☆	☆☆☆

（二）重点修改

1. 修改目标：写出二十年后的家乡生活上的"巨变"。

【优秀片段】

　　回到家，我激动地拥抱了许久未见的爸爸妈妈。一阵饭菜香扑鼻而来。我激动地说："妈妈，您的手艺见长啊！"妈妈把我领到餐桌前，指着一桌子丰盛的菜肴，神秘地说："这可不是我做的，这是咱们家的智能机器人做的，它能帮我们做各种家务，我和你爸爸多亏它照顾。以后你在外面安心工作，不用担心我们。"望着这个以前只能在电影里见到的机器人，我再次被科技的力量所折服。

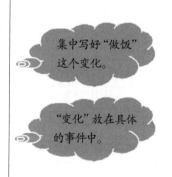

集中写好"做饭"这个变化。

"变化"放在具体的事件中。

2. 修改好之后，完成整篇习作。

3. 完成后，跟同伴互换习作，再评一评。评完后，针对自己习作中的不足，再次进行修改。

《二十年后的家乡》习作检查清单 2

检查标准	自评	同伴评
能大胆展开想象，从几个方面来写二十年后家乡的"巨变"	☆☆☆	☆☆☆
能把"巨变"放在具体的事件中来写	☆☆☆	☆☆☆
能分段叙述	☆☆☆	☆☆☆

三、优秀习作

<table>
<tr><td colspan="2" align="center">二十年后的家乡</td><td></td></tr>
<tr><td colspan="2">　　悠悠天宇旷，切切故乡情。时光稍纵即逝，弹指一挥间，20年过去了，此时我已经31岁了，也已在上海生活了多年，很想回那个小山村看看。</td><td></td></tr>
<tr><td colspan="2">　　一日，接到老同学悠悠的邀请，回故乡参加同学会。到家第二天，老同学来接我，我刚走出电梯，只见她"飘浮"在空中，周身是一层蓝雾，前面是一个似有似无的驾驶器。悠悠还是以前的模样，只是长高了不少，未语先笑，一开口就把我拉回到从前的同窗时光。我推开"蓝雾"进入车内，窗明几净，座位舒适。</td><td>　　乘坐的交通工具的变化。</td></tr>
<tr><td colspan="2">　　"出发啰！"她喊道，随即按下驾驶器上的一个红色按钮，口中念念有词："去森林公园。"整个车子瞬间变形，化为一道闪电，腾空而起，扶摇直上九万里，我大叫起来："哇，这什么土豪跑车，脑控，还带飞翔功能！"悠悠朝我笑笑："咱们小山村，交通也大变样了啊！"</td><td></td></tr>
<tr><td colspan="2">　　二十年没回家乡了，这里的一景一物变化也极大，似乎已经是一座陌生的城市。家家户户屋顶上都是树，绿树围绕着白墙黑瓦，鲜花点缀其间，仿佛置身于童话世界。这时，悠悠放慢了速度，"快看看，我们的新农村。我记得以前你家就住在这附近。"我向下望去，是一条蜿蜒的大河。我记得这大河，小时候就在这大河上跟着爸爸妈妈打捞鱼虾。只不过河道拓宽了许多，也变长了许多，真可谓是"潜龙腾渊，鳞爪飞扬"！恍惚中只听到悠悠喊了句："收！"车子已经缓缓降落到临时停车场上，落地的一刹那，变得只有一块橡皮大小，可折叠，被悠悠放进了口袋里。</td><td>　　环境的变化。这一部分是习作的重点，通过对景物细致的描写来凸显。</td></tr>
<tr><td colspan="2">　　来到家门口，瞧见院内绿树枝叶交错，我俯身细看，发现叶片上有许多白色小点。初时，还以为是破坏树叶的白蚁。妈妈迎出来，告诉我："这是绿叶机器人，这些忙碌的</td><td></td></tr>
</table>

小白机器人专门在树叶上巡逻，查找出被虫儿咬了的叶子，为它们修复护理，帮它们快快康复。我们家里也都是机器人在帮忙做家务呢。"我听了不禁点头称赞。 　　虽然 20 年过去了，但是家乡始终还是我热爱的那个温暖而美好的小山村。她的变化我无法用语言表达，只希望在将来，她越变越好。	生活的变化。

☆五年级上册第五单元习作

介绍一种事物

一、学习目标

1.能进一步了解将事物介绍清楚的方法。

2.能用恰当的说明方法,分段介绍事物的不同方面,写清楚事物的主要特点。

二、共学过程

(一)梳理练习

1.写之前,先选好要写的一种事物,再进行仔细观察,然后搜集相关资料,进一步了解这个事物,想清楚从哪几个方面来介绍。

• 题目:炸年糕
• 介绍事物的不同方面:
第一方面:年糕的风俗和食材
第二方面:炸年糕的方法
第三方面:炸年糕的色香味
第四方面:年糕的寓意

• 题目:＿＿＿＿＿
• 介绍事物的不同方面:
第一方面:＿＿＿＿＿＿
第二方面:＿＿＿＿＿＿
第三方面:＿＿＿＿＿
第四方面:＿＿＿＿＿

2.选取一个重点介绍的方面,先攻关写。写的时候,介绍清楚事物的主要方面,试着用上恰当的说明方法。

重点介绍的方面:炸年糕的方法。

炸年糕的制作方法简单易学。人们将上等的糯米洗净,用凉水浸泡大约 4 小时,沥净水,碾成面。糯米面中加入凉水和(huó)成面团,发酵至刚发起时,上笼蒸约 1 小时。蒸熟后,将面团取出,稍凉后,揉匀,做成直径约 3 厘米的圆饼,跟手掌一般大小。把两个圆饼叠在一起,稍微用力摁一下,使其粘实。在年糕表面刷上花生油,以防开裂。锅内加入 800 毫升的花生油,用旺火烧到八成热,将年糕分批投入锅内,炸至金黄色时捞出,撒上白糖即成。

→ 运用列数字、作比较的方法,把年糕的制作流程介绍清楚了。

《介绍一种事物》习作检查清单 1

检查标准	自评	同伴评
能围绕要重点介绍的方面来写	☆☆☆	☆☆☆
能运用恰当的说明方法把这个方面介绍清楚	☆☆☆	☆☆☆

(二)全文习作

1.按照习作提纲中确定的几个方面,分段来写。写的时候,运用恰当的说明方法把事物的主要特点介绍清楚。

2.完成后,跟同学互换习作,再评一评。评完后,针对自己习作中的不足,进行再次修改。

《介绍一种事物》习作检查清单 2

检查标准	自评	同伴评
能围绕要介绍的事物的主要特点来写	☆☆☆	☆☆☆
能运用恰当的说明方法(列数字、举例子、作比较、打比方等)把这个事物介绍清楚	☆☆☆	☆☆☆
能分段介绍事物的不同方面	☆☆☆	☆☆☆

三、优秀习作

蓝闪蝶的自述

嗨，大家好！我是一只蓝闪蝶，又名蓝摩尔福蝶，我可是动物界中的君子，是诗人笔下的常客，被人们称为"会飞的花朵"。今天就让我给大家介绍一下自己吧！

我呀，是蛱蝶科闪蝶属中最大的一个物种，翅膀展开有13~17厘米，不过只有你们人类的巴掌大小。我的身体是黑黑的，最有特色的莫过于我的一对翅膀了。我的翅膀打开以后呈扇形，上面有如星空似的蓝色花纹，如梦如幻，绚丽极了。因为拥有了这对翅膀，注定我不能像枯叶蝶那样善于伪装，不过当危险来临时，机智的我则会快速扇动我的大翅膀来反射光，从而迷惑敌人，迅速逃离。

我与别的蝴蝶可不一样，其他蝴蝶以吸食花蜜为主，而我的口味却有些"重"，我最喜欢吸食杧果、荔枝等水果的汁液。所以如果大家想见我，千万不要去花园中寻找，我一般出没于热带雨林，如亚马孙原始森林。我也时常会冒险去阳光充足的空地上获得温暖，或者去森林的地面上寻找掉落的烂水果，然后吸取其中的果汁。我不仅会在白天出现，夜晚你也可以发现我的身影。

"孤蝶小徘徊，翩翩粉翅开。"我们蝴蝶是大自然中的小精灵，是大自然中最美的花朵。可是近些年，由于人类大肆砍伐森林、排放污染气体等，我们的栖息地越来越少，甚至有的同胞还面临灭绝的危险。所以，亲爱的人类，为了地球上能多一个我们的倩影，更为了地球生物的多样性，请保护好我们共同的家园！

有些说明文的题目中有"自述"两字，这就要用第一人称来写。

运用了列数字、作比较的说明方法，生动形象地写出了蓝闪蝶的大小。

通过举例子、作比较的说明方法，写出蓝闪蝶的活动特点。

根据这篇文章的写法，可以试着写写书中的题目《袋鼠的自述》。两者的写法是相通的。

☆五年级上册第六单元习作

我想对您说

一、学习目标

1.能写一封信，用恰当的语言表达自己的看法和感受。

二、共学过程

(一)梳理练习

写之前，先读懂教材中的提示。根据提示来列习作提纲。

【教材中的提示】

　◇对父母或好朋友说

　可以回忆你们之间难忘的事，表达你对他们的深厚情感；可以讲讲你对一些事情的不同看法，让他们更深入地了解你；也可以关注他们的生活，向他们提出建议，如，劝他们改掉一些会影响身体健康的坏习惯。

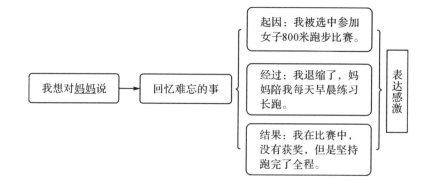

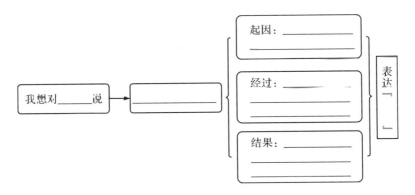

(二)重点练习

1. 根据所列的提纲,练习"用恰当的语言"表达自己的心里话。

2. 写好后,在四人小组中与同伴交换自己写的心里话,评一评,改一改。

《我想对您说》习作检查清单 1

检查标准	自评	同伴评
能用恰当的语言表达自己的心里话	☆☆☆	☆☆☆

3. 围绕"用恰当的语言"的要求,进行修改。

> 那回(改成"记得那回",使语言带有回忆的色彩),班主任选中我,让我参加校运会上的女子 800 米跑步项目。我一下子犯了难,体育经常考不及格的我,能行吗?
>
> 我把这个消息告诉了您。您对我说:(改成"您拍拍我的肩膀,对我说:",使人物的特点更鲜明)"有什么好怕的,跑就是了,我陪你一起练习。"每天早晨 6 点钟,您就叫我起床,我不愿意跑,您就骂我;我乱跑几下,算练习过了,您看见了,就罚我做深蹲 100 次。我当时腿酸疼得厉害,很恨您。(添加"您却抖抖自己的腿,拉起我的手,默默地继续跑了起来",使语言表达更得体)
>
> 比赛那天,我看到我的对手们个个都是大长腿,只有我是个小个子。还没开跑,我就泄了气。您站在跑道外,鼓励我。(改成:朝我大喊:"拿出精神来,勇往直前。"用具体的语言,丰富人物形象)您的话,给了我力量。我奋力地跑了起来,用力摆臂,迈腿前行,我在直道上加速,其中的一位对手被我超越了。我听到您狂喊:"好样的——"
>
> 最后,我坚持跑完了全程,但没有获得奖牌,只是跑了第 8 名。我有些失落,您又一次鼓励我。(改成:您抚摸着我的头,对我说:"在我眼中,你就是冠

军!"还原人物说的话,使描写更具体)

（添加结尾:"那一刻,我对您充满了感激。您总是给我最多的陪伴,最多的鼓励,我想对您说,谢谢您,我永远爱您!"表达想法,使文章更贴合主题）

(三)全文练习

1.在修改的基础上,把自己想对他(她)说的话写成一封信。

2.写好后,把习作给其他同学、老师看一看,评一评,改一改。

《我想对您说》习作检查清单2

检查标准	自评	同伴评	师长评
能用写信的方式,写出自己的心里话	☆☆☆	☆☆☆	☆☆☆
能用恰当的语言进行表达	☆☆☆	☆☆☆	☆☆☆
能通过描写让他(她)了解你的想法、体会你的感情	☆☆☆	☆☆☆	☆☆☆

3.把修改好的习作,誊抄在信纸上,送给自己想对他(她)说心里话的那个人。

三、优秀习作

爸爸,我想对您说	
亲爱的爸爸: 您好! 您知道吗?我有很多心里话要对您说,可是您每天早出晚归,实在找不到机会和您说。正好借助这次写信的机会,向您倾吐我的千言万语。 爸爸,我十分喜欢吃您做的菜。记得那天,您早早地下班回家,手里提着一条鱼。您对我说:"今天,给你做红烧鱼吃。"说完,您马不停蹄地杀鱼,起锅,倒油,煎鱼,烹煮。我看惯了平日里妈妈在厨房劳碌,见到您烧菜的背影,我突然感受到了家庭的温暖。 红烧鱼烧好了。您第一个叫我品尝。我用筷子夹起鱼肚子上的肉,尝了尝,真鲜美啊! 原来,您是被工作耽误的五星级厨师啊! 妈妈说,你们谈恋爱的时候,您也经常	写信时,要使用恰当的语言,来表达自己的心里话。

买菜、烧菜，但是我出生之后，您就很少下厨房了。因为您的工作比以前更忙碌了。正是这个原因，我特别珍惜您给我烧的红烧鱼。我一个人差不多吃了半条。您问我喜欢吃吗？我当时说，不喜欢吃。您听到我这样说，一定生气了。其实，我是怕您太劳累了。我既希望您常常烧鱼给我吃，又希望您多休息。我心里的这种矛盾，您一定懂吧！

　　亲爱的爸爸，愿您工作顺利，有时间多陪陪我和妈妈。

　　祝

身体健康！

　　　　　　　　　　　　　　　　您的儿子　小邓

　　　　　　　　　　　　　　　　12 月 6 日

可以记录生活中与爸爸共处的一个场景，把场景写生动、具体，信就感人了。

通过写心里话，让爸爸了解自己的想法，体会到自己的感情。

☆五年级上册第七单元习作

_____即景

一、学习目标

1.观察某种自然现象或某处自然景观,重点观察景物的变化,写下观察所得,并把题目补充完整。

2.能按照一定的顺序描写景物,写出景物的动态变化。

二、共学过程

(一)梳理练习

1.写之前,观察一种自然现象或一处自然景观,重点观察景物的变化。

2.按照一定的顺序,梳理自己观察的一种自然现象。

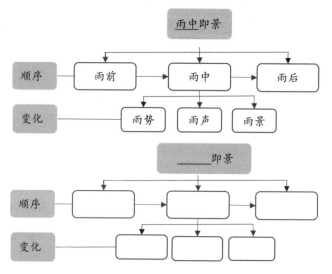

（二）重点练习

1. 运用静态描写、动态描写相结合的方法，写出所写景物的动态变化。

2. 写好后，四人小组成员评一评，改一改。

《_____即景》习作检查清单 1

检查标准	自评	同伴评
能用静态描写、动态描写相结合的方法来写	☺☺☺	☺☺☺
能写出景物的动态变化	☺☺☺	☺☺☺

3. 对照优秀片段，进行修改。

◇课文《四季之美》中的片段：

　　东方一点儿一点儿泛着鱼肚色的天空，染上微微的红晕，飘着红紫红紫的彩云。 ➡ 颜色的变化。

◇学生《雨中即景》中的片段：

　　过了一会儿，雨渐渐变大，像黄河的水哗哗地向下流，风也呼呼地狂吹起来，大树跟着风摇摆起来。雨滴打在玻璃上，发出噼里啪啦的声音。雷声很大，仿佛天上的神仙在使劲地打鼓，闪电像一道利剑劈向大地。街上的行人急急匆匆地朝家里跑去。不多久，地面上积起了一摊摊水，汇成了一条条小河，有些地方能漫过人的双脚。 ➡ 雨势、雨声、雨景的变化。

（三）全文习作

1. 在修改的基础上，完成全文习作。

2. 写好后，把习作给其他同学、老师看一看，评一评，改一改。

《_____即景》习作检查清单 2

检查标准	自评	同伴评	师长评
能按照一定的顺序描写景物	☺☺☺	☺☺☺	☺☺☺
能用静态描写和动态描写相结合的方法，写出景物的动态变化	☺☺☺	☺☺☺	☺☺☺
能对习作进行修改	☺☺☺	☺☺☺	☺☺☺

三、优秀习作

窗外即景

　　在我内心深处一直在追寻一种美景,一种能震撼灵魂深处的美景! 我领略过长城的雄伟,亲历过九寨沟的秀美,感受过甘南草原的狂野,却被窗外平凡的景色所深深吸引。

按照时间顺序来写窗外的美景。

　　清晨,我坐在书桌前,无聊地随手画着心中的美景,但画了一遍又一遍仍毫无灵感。当我抬起头透过窗户,看着窗外时,我的眼睛为之一亮。远处,太阳从云层中探出头来,一缕缕金色的阳光洒在竹叶上,像金色的手指在弹奏着绿色的琴键。阳光透过树丛,洒在小河里,河水变得金光闪闪,唱着欢乐的歌,向前奔去。叽叽喳喳的鸟叫声也在伴奏,我也情不自禁地跟随着它的拍子摆动起来,我惊讶地叫道:"我找到了! 美景就在窗外!"

动态描写阳光的灿烂。

　　到了晚上,我想看看美景在黑夜会变成什么样。当我打开窗户时,皎洁的月光装饰了秋天的夜空,也装饰了我的内心。秋风徐徐向我吹来,我又仿佛闻到了竹叶的芬芳。窗外的小河中映照出了圆月的影子,河水像打破的明镜。鸟儿都睡了,四周安静极了,让人不禁想起诗人王维的诗句:"夜静春山空。"一阵秋风拂过,一片秋叶落在窗台上,我拾起落叶,夹进了笔记本里。

抓住夜晚十分宁静这个特点,描写出景物的动态变化。

　　其实,美一直伴随在我们的身边,只要你用心去观察身边的一切,就会发现美无处不在。我喜欢窗前的风景,但我更喜欢那双发现美景的眼睛!

☆五年级上册第八单元习作

推荐一本书

一、学习目标

1. 介绍一本书,能分段表述推荐理由。
2. 能把重要的理由写具体。

二、共学过程

(一)梳理练习

1. 写之前,明确要介绍所推荐的书的内容。

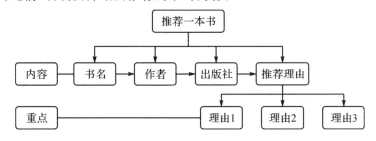

(二)重点练习

1. 以推荐一本小说为例,练习"把重要的理由写具体"。

> 　　在《西游记》中，我最喜欢孙悟空。他是玉帝
> 口中的妖猴，却是我心中的英雄。他忠诚，他不知
> 挨了唐僧多少责备，多少"紧箍咒"，却依然坚定信
> 念，全心全意护送唐僧去西天取经。这使我想到
> 自己，我被分配到第三组值日，因为赶着吃午饭，
> 我连打扫的任务都没有完成就溜走了，最后害得
> 我们小组扣了分。与孙悟空相比，我身上缺少的
> 是对责任的担当。所以，一本好的书，能带给我们
> 无穷的力量。

➡ 结合书中喜欢的人物、情节来写推荐理由。

➡ 结合自己的亲身经历来写推荐理由。

2.写好后，四人小组成员评一评，改一改。

《推荐一本书》习作检查清单1

检查标准	自评	同伴评
能结合书中的相关情节、人物、对话或插图来说明自己的推荐理由	○优秀　○良好 ○及格　○需努力	○优秀　○良好 ○及格　○需努力

（三）全文习作

1.在修改的基础上，完成全文习作。

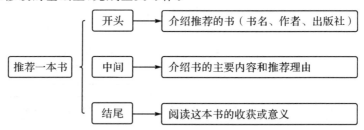

推荐一本书
- 开头 → 介绍推荐的书（书名、作者、出版社）
- 中间 → 介绍书的主要内容和推荐理由
- 结尾 → 阅读这本书的收获或意义

2.写好后，把习作给其他同学看一看，评一评，改一改。

《推荐一本书》习作检查清单2

检查标准	自评	同伴评	师长评
能从这本书的书名、作者、出版社等信息，介绍这本书	○优秀　○良好 ○及格　○需努力	○优秀　○良好 ○及格　○需努力	○优秀　○良好 ○及格　○需努力
能把重要的理由结合书中的相关情节、人物、对话或插图进行说明	○优秀　○良好 ○及格　○需努力	○优秀　○良好 ○及格　○需努力	○优秀　○良好 ○及格　○需努力

（四）延伸练习

1.学会推荐小说以后，日常的生活中可以试着去推荐自己喜欢的其他类型的书。

> 如果你推荐的是一本科普读物，可以说说你获取了哪些有趣的知识或独特的想法。

2.写好后，可以把习作读给同学听。大家交流一下，看谁的推荐能够激发其他人阅读的兴趣。

三、优秀习作

推荐一本书

毛泽东主席曾说过："饭可以一日不吃，觉可以一日不睡，书不可以一日不读。"这话一点儿也不假。今天，我要向你推荐的这本书，就能让你入迷得整天不吃不睡地阅读，那就是罗贯中写的《三国演义》，它是中国古典小说之一。

首先，我觉得《三国演义》中关于战争的描写生动出众。你看，全书展示的大小战争有四十余次，而且每次战争都描写得惊心动魄、精彩纷呈，读起来非常过瘾。有一次，我看"火烧赤壁"故事，当读到"风助火势、船如箭发、烟焰涨天"的场面时，心里随着情节的发展不由得紧张起来，迫不及待地阅读着："二十只火船互相撞入水寨，不时又有几艘船被铁链锁住，无处避逃。隔江炮响，一时间战火飞扬，火逐风飞，只见火烧得一派通红，昏天暗地。"在这些描写中，我仿佛已经进入故事中，眼前已经是两方对战，火光映红天际，不时激起火花，响亮的呐喊声和炮火声不绝于耳，真是让我激动不已。当然，《三国演义》中那些描写战争的场面并非宣扬战争，而是给世人展示当时战争的惨烈和惊心动魄，令人深思。

其次，书中的人物被作者描述得有血有肉、个性十足，仿佛就站在我们眼前：神机妙算的诸葛亮，勇猛忠义的关

推荐一本书时，要介绍这本书的书名、作者，还可以介绍这本书在文学史上的地位。

抓住推荐的这本书情节上最大的特点来写推荐理由。

可以摘录书中的精彩片段来把理由写充分。

羽,爱惜人才的刘备,鲁莽率直的张飞。这些人物的英雄事迹更是数不胜数,比如"三顾茅庐""刮骨疗伤""草船借箭""舌战群儒"……如果你想知道更多故事,那就来读读这本书吧! 　　多读书,读书好,读好书。让我们一起走进《三国演义》这本优秀的历史小说吧!	也可以结合书中的人物来说明推荐的理由。

进阶式习作检查清单的补学样式

第 4 章

☆五年级下册第一单元习作

那一刻,我长大了

一、学习目标

1.能从自己的成长经历中选择一件印象最深的事,把事情的经过写清楚。

2.能把感到长大了的"那一刻"的情形写清楚,记录真实感受。

二、补学过程

(一)思路练习

1.写之前,阅读教材中的习作提示,拓宽写作思路。

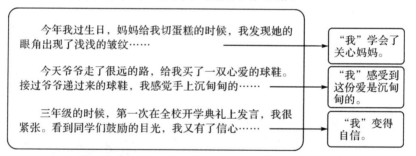

2.选择自己成长过程中印象最深的一件事情,把经过部分梳理清楚,尤其是把感到自己长大了的"那一刻"的情形重点标注出来。

事情:独自去打新冠疫苗	
起因	周六,轮到我们班打新冠疫苗,爸爸妈妈临时要去开会。
经过	我按照爸爸给我的地址,找到了接种点。
	我沉着地接受医生的询问,填写了表格。
	我撩起衣袖,勇敢地让医生在我的左臂上注射了新冠疫苗。(长大的"那一刻")
结果	我完成了疫苗的接种,刚巧遇上爸爸妈妈来接我。

事情：	
起因	
经过	
结果	

(二)重点练习

1.联系自己梳理的内容,重点练习"把感到自己长大了的'那一刻'的情形写具体"。

2.写好后,把习作片段读给同伴听,评一评,改一改。

《那一刻,我长大了》习作检查清单 1

检查标准	自评	同伴评
能把感到自己长大了的"那一刻"的情景写清楚	○能　○不能	○能　○不能

3.根据评改的结果,修改习作段落。

【优秀习作片段】

　　我拿着医生刚才开给我的单子,走进了一号房间。在我的前面,是一位三十多岁的叔叔,针扎在他的胳膊上,他的脸上一点反应都没有。我站在旁边看着都疼,直想打退堂鼓,特别想转头冲回家。正在这时,医生挥动着手,招呼我:"小朋友,快过来打疫苗。"我只好往前走,颤抖着把单子递给了医生。他的口罩上方有一双透着威严的眼睛,问我:"没有感冒吧?"我摇摇头。他又问:"身体没有不舒服吧?"我也摇摇头。他说:"你把胳膊露出来。"我下意识地撩起左手臂的衣服。他用酒精棉在我的胳膊上擦了擦,就要把针扎下去。我立刻深吸一口气,把眼睛紧紧闭上,只感觉到胳膊上微微地疼。我又深吸了一口气,想起来之前爸爸对我说:"打针看起来挺可怕,其实一点儿都不用怕,就像被蚊子咬了一口一样。"想到这里,我睁开了眼睛,医生也把针拔了出来。他对我说:"小朋友,你很棒,特别勇敢!"此时,我觉得自己真的长大了,我能战胜恐惧这个大怪兽了。

【点评】

　　这个片段，一读就能感受到作者所说的"觉得自己真的长大了"。他把"那个时刻"中，看到的、听到的、想到的以及做的事情都写得清清楚楚。这也是把"那一刻"的情形写具体的方法。

（三）全文习作

1.按照习作提纲，完成全文习作。

2.写好后，把习作读给同学听，并评一评。

《那一刻，我长大了》习作检查清单 2

检查标准	自评	同伴评	师长评
能写一件成长过程中印象最深的事情	○能　○不能	○能　○不能	○能　○不能
能把事情的经过写清楚	○能　○不能	○能　○不能	○能　○不能
能把"那一刻"的情形写具体	○能　○不能	○能　○不能	○能　○不能

（四）补学建议

　　同类题目迁移练写，如《那一刻，我_____了》《那一刻，我知道_____》《那一刻，我真的很_____》……把"那一刻"的情形和自己感受最深刻的地方写清楚。

三、优秀习作

那一刻，我长大了

　　晚风刮过我的衣服，白色校服上的酱油印子，在路灯下闪耀着，格外刺眼。影子被无限拉长，我独自迈着沉重的步伐往家走。

　　"奶奶，我的衣服脏了，您能帮我清洗一下吗？我明天要穿！"我刚换下衣服，就被奶奶一把抢了过去："快点儿，你说说你，怎么弄得这么脏，赶紧让我给你搓一下。"

　　在房间里写作业时，我的耳边不时传来流水和搓洗的声音。写完作业再去晾衣架旁一看，水滴滴答答地落在下面的水盆中，溅起了一朵朵小小的水花。这何时才能晾干啊？

一整夜,不安与焦急都在梦中回荡。

第二天清晨,我不是被那第一缕阳光唤醒,也不是被那丁零零响不停的闹钟叫醒,而是被一阵阵嗡嗡声吵醒。

烦躁的我打开床头灯,推开房门,正寻思着到底是谁大清早发出如此嘈杂的噪声。这时,一个身影映入眼帘——她佝偻着腰,一只手握着吹风机,另一只手抖动着挂在衣架上的校服。风速从低速变到高速,又戛然而止,只听她嘴里念叨着:"声音怎么这么大,别把她吵醒了呀。"一阵低沉的吹风声过后,又听见了她的嘟囔:"这吹不干啊! 太慢了!"热风穿透我的校服,随着风,轻轻荡。我微微探头,看见她轻轻抓着我的校服,从领口到袖口,再到校服上的缝边,一点点地吹着,生怕漏掉任何一处。校服一点点褪去了没晾干时湿漉漉的样子,连刺绣校徽也恢复了往日的靓丽。她始终没注意到身后的我,这时她听到的,也许只有耳边的嗡嗡声,夹着心里一定要帮我吹干校服的执着。

> "那一刻"的情形,通过对主人公动作和语言的描写变得真切、感人。

我就这样站在房门旁,看着奶奶耐心地帮我吹干校服,那个背影与昨天数落我时完全不同。看着看着,我的眼睛湿润了。"你咋在这儿? 赶紧再去睡一会儿! 起这么早,今天上课要没有精神了。"被奶奶塞回被窝的我,此时已困意全无,奶奶到底是几点起床的呢? 如果说此时的天空刚刚泛起了点点微光,那星星一定看见了一位老人在为她的孩子吹干衣服吧。

漫漫成长路上,总有那么一个人,替你收拾好行囊,对你说:"你只管往前走,剩下的交给我。"那一刻,我觉得自己长大了。

> 在叙事的过程中,结合对自己感受的描写。

☆五年级下册第二单元习作

写读后感

一、学习目标

1.能初步了解写读后感的基本方法。

2.能选择读过的一篇文章或一本书写读后感。

二、补学过程

(一)思路练习

1.写之前,了解写读后感的一般方法。

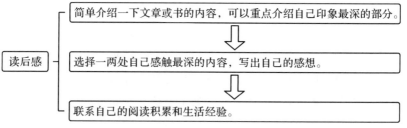

2.选择自己读过的一篇文章或一本书,构思一篇读后感。

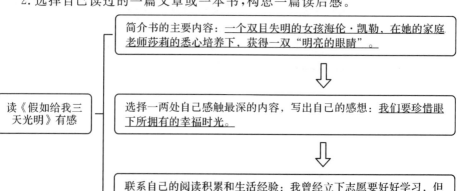

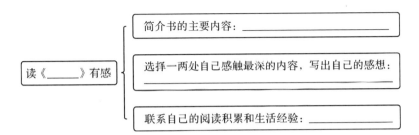

(二)重点练习

1.重点练习写读后感中"感"的部分。

2.写好后,把习作片段读给同伴听,并评一评,改一改。

"写读后感"习作检查清单 1

检查标准	自评	同伴评
能将感受联系自己生活中的实例来说明	○A ○B ○C ○D	○A ○B ○C ○D

3.根据评改的结果,修改习作段落。

【优秀习作片段】

　　读了《假如给我三天光明》,我最大的感受是我要学着珍惜当下的幸福。海伦·凯勒曾在书中写道:"假如我有三天光明,第一天我要看人,第二天我要看昼夜的交替,第三天我要去看城市和高楼大厦。"这些愿望,对于健康的人来说实在是不值一提,但对于一个双目失明的女孩来说却是一个永远被埋葬在心底的愿望。想起不久前,爸爸带我去参加了书法家的作品展,当时我信誓旦旦地对爸爸说:"我要用一个月的时间练习写《兰亭序》。"可是,每次我铺好了宣纸,磨好了墨,却抵挡不住手机的诱惑。我刷抖音,看视频,不知不觉,一个小时就被我荒废了。我想着:还是明天再练毛笔字吧!到了第二天,我又没有管住自己。跟海伦·凯勒比,我真是自愧不如。

可以引用书中的句子来说明。

可以用自己生活中的例子来谈感受。

(三)全文习作

1.按照习作提纲,完成全文习作。

2.写好后,把习作读给同学听,并评一评。

"写读后感"习作检查清单 2

检查标准	自评	同伴评
能先简介文章或书的内容	○A ○B ○C ○D	○A ○B ○C ○D
能选择一两处感触最深的内容来写出自己的感受	○A ○B ○C ○D	○A ○B ○C ○D
能将感受联系自己生活中的实例来说明	○A ○B ○C ○D	○A ○B ○C ○D

（四）补学建议

可以尝试练写观后感。写法与读后感差不多，一般先介绍电影的主要内容，然后选择电影中令你印象深刻的地方，叙述自己的实际观看体会或感受。

三、优秀习作

读《昆虫记》有感 　　轻轻合上《昆虫记》，我仍然沉浸在法国作家法布尔创造的昆虫王国中，一只只可爱的昆虫在我的脑海中嬉戏。是什么让法布尔获得世界各地读者的赞许？又是什么让他为我们呈现了一个如此活灵活现的昆虫世界呢？难道仅仅是他对生命的敬畏之情吗？不，这里还饱含着法布尔对科学的热爱与执着。 　　《昆虫记》全书洋溢着对生命的关爱之情和对自然万物的赞美之情。法布尔的观察研究是严谨的，他的著作是严密而且成系统的，绝不是呆板冷酷的。他曾声称，自己对昆虫解剖学没有太大的兴趣，平生酷爱的是"情感昆虫学"。他尊重这些可爱的小生命，以人类的情感去关爱这些昆虫。也正是这种对生命的尊重与热爱，才使《昆虫记》这部科学著作有了灵魂，使它从严肃、严谨的研究成果变成了趣味盎然的经典科普读物。 　　法布尔的坚持不懈让人敬佩，他不怕困难，不论酷暑严冬，都要捉到活着的昆虫来观察，这一点是值得我们学	简单介绍一下《昆虫记》的主要内容。此时可以引用一些资料来说明书中最有特色的地方。

习的地方。阅读这本书的时候,我常常联想到自己。我读三年级的时候,也对昆虫很着迷,不仅参加了社区里的"自然探险队",还买来了全套昆虫观察仪器。可是,不到一个星期,我就不愿意去参加"自然探险队"了,因为要爬山,要涉水,太辛苦了。爸爸问我:"真的打算不去啦?"我点点头说:"我可以在网络上查阅资料。"可是查阅资料时,我又觉得浩如烟海的资料,太烦了,又选择了放弃。所以,我对昆虫的爱好就这样匆匆地画上了句号,那套观察仪器也在阁楼上挂满了蜘蛛网。跟法布尔比,我真是惭愧至极。对于自己的爱好,我要去重新拾起来。

合上《昆虫记》,望着窗外明媚的阳光,我似乎又看到了法布尔低着头,弯着腰专注研究昆虫的情景。此时,柔柔的阳光透过窗户,洒在我的身上。"热爱""执着"这两个词已深深留在了我的心上。

选择一处法布尔身上最打动自己的地方,结合自己的经历,写出真实的感受。"读后感"重在"感"字上。

☆五年级下册第四单元习作

他_____了

一、学习目标

1. 能选择某人给自己留下深刻印象的事情，把经过写清楚。
2. 能从多个角度把人物当时的表现写具体，反映出人物的内心。

二、补学过程

(一)思路练习

写之前，阅读书上的习作提示，拓宽写作思路。

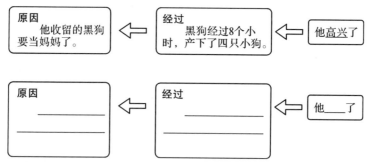

(二)重点练习

1. 读教材中的习作片段，猜一猜：教材中写的是"他怎么了"？注意该习作片段是怎样把这个人当时的心情写具体的。

猜一猜:他_____了

　　他的眼睛闪着奇异的光芒,面孔因为激动而涨得通红,嘴里不停地说:"太美了! 真是太美了!"他根本没听见周围喧闹的声音,整个世界对他来说好像都消失了。一个小时过去了,两个小时过去了,他痴痴地站在那里,一动不动地凝望着这座雕像……

　　想一想:它通过对人物的_____、_____、_____等方面的描写,来反映人物的内心。

2.我们可以从多个角度来写一个人当时的表现。

◇他的面部表情是怎样的? 他的眼神与平时一样吗?
◇他有哪些不寻常的举动?
◇他说了哪些话? 说话时的语气是怎样的?

　　3.模仿教材中的片段,描写一个人物当时的具体表现。写好后,与同学交换习作,评一评,改一改。

【同伴评一评】他_____了

【我来写一写】
　　他_____

_____

_____

_____

_____

【同伴评一评】它通过对人物哪些方面的描写,来反映人物的内心?

（三）全文习作

1. 根据所列习作提纲，完成全文习作。

2. 写好后，和同学再次交流，并评一评，改一改。

《他_____了》习作检查清单

检查标准	自评	同伴评
能把写人和写事结合起来	☆☆☆	☆☆☆
能把事情的经过写清楚	☆☆☆	☆☆☆
能从神态、动作、语言等不同角度来写人物当时的表现	☆☆☆	☆☆☆

（四）补学建议

可以练写同类习作《_____的他》《正在_____的人》《我心中的英雄》等，巩固"从多个角度把人物当时的表现写具体，反映出人物的内心"这一习作方法。

三、优秀习作

他笑了	
我特别喜欢看我爷爷笑，他的笑是那样慈爱，那样珍贵。 　　那天放学，我和往常一样，等着爷爷来接我回家。可我在人群中，怎么也找不到那熟悉的身影。"咦？平时准时来接我的爷爷，今天怎么迟到了？"我心里嘀咕着。不一会儿，只见妈妈愁眉苦脸地朝我奔来。"爷爷住院了。"妈妈神情凝重地说。听到妈妈的话，我的心像十五个吊桶打水——七上八下。 　　我和妈妈匆匆忙忙赶到医院。来到爷爷的病房，我看到他静静地躺在病床上，脸色苍白，平日里神采飞扬的眼睛仿佛成了两个黑洞，失去了往日的光芒，嘴角微微蠕动，急促地呼吸着。看到我来，爷爷挣扎着要从床上坐起来，有气无力地对我说："对不起，最近爷爷身体有点不舒服，没法来接你了。你要自己回家了……"我握着爷爷的手，	交待事情的起因。

强忍眼泪,故作镇定地说:"您放心,我能自己过马路。您教过我过马路的口诀:上学过马路,先看左,再看右,到马路中线后,要先看右,再看左……"爷爷听后,微微一笑,抚摸着我的头,说道:"不过,还是要小心噢,不能跑。"我看到爷爷嘴角的微笑,心里阵阵酸楚,含着眼泪说:"爷爷,您一定要好好的。"爷爷又笑了,喘着气说:"放心,我还要送你上中学,上大学呢。"我扑上去,轻轻靠在他的怀里。	重点描写爷爷的"笑",以及"我"对"笑"的感受。
过了一周,爷爷康复出院回到家,一见我,就问:"最近几天,你上学怎么样,过马路安全吗?"我骄傲地对他说:"每天都安全抵达。我现在过马路,还总结了一个新办法——和同学、行人一起走——现在过马路一点儿都不紧张了。"听了我的话,爷爷点了点头,嘴角微微上扬,露出两个沉默已久的笑窝,那原本微锁的眉头也舒展了开来,他搂着我说:"我的乖孙子,真的长大了。"我上前搂着他的脖子,说:"我长大了,您不能变老。绝对不能哦!"爷爷笑得合不拢嘴,喃喃道:"我不变老,我不变老……"看到爷爷慈祥的笑容,我觉得很安心。在他的世界里,全是我。我要尽自己最大的努力去陪伴他,让他幸福快乐。	事情的经过和结尾部分,反复地写爷爷的"笑",写出了其中蕴含的情感。

☆五年级下册第五单元习作

形形色色的人

一、学习目标

1.能结合例文和批注,进一步感知写人的基本方法。

2.能选择典型事例,通过对语言、动作、外貌、神态、心理等的描写,具体地表现人物的特点。

二、补学过程

(一)选材练习

1.写之前,思考以下问题。

◇你打算写谁?

◇他的特点是什么?

◇你觉得哪些事例可以很好地表现他的这个特点?

2.阅读教材中的4个事例,辨析:事例1和事例4为什么最能表现叔叔记忆力超群的特点,而事例2和事例3为什么不能?

3.练习判断典型的事例。

事例1

　　他放弃运动的时间，把时间都用来看小说。

事例2

　　他星期天都泡在图书馆里，他一边看一边记录。

同桌非常爱看书

我觉得事例1和事例4最能表现同桌非常爱看书。

事例3

　　他把自己喜欢的书，捐给贫困山区的孩子。

事例4

　　他把一本书前前后后看了三遍，提出了自己的疑问。

4.选取典型的事例。

题目:＿＿＿＿＿
＿＿＿＿＿＿＿
＿＿＿＿＿＿＿

典型事例1:＿＿＿＿＿
＿＿＿＿＿＿＿＿＿＿＿＿
＿＿＿＿＿＿＿＿＿＿＿＿

典型事例2:＿＿＿＿＿
＿＿＿＿＿＿＿＿＿＿＿＿
＿＿＿＿＿＿＿＿＿＿＿＿

(二)习作练习

1.运用本单元学过的描写人物的方法,具体地表现人物的特点。

2.写好后,把习作读给同伴听,并评一评,改一改。

《形形色色的人》习作检查清单

检查标准		自评			同伴评		
		A	B	C	A	B	C
基础级	所写的人物特点鲜明						
	能选择典型的事例来表现人物的特点						
	能运用本单元学过的语言、动作、外貌、神态、心理等描写方法						
挑战级	能根据同伴给的意见,进行修改,且越改习作中人物的特点越鲜明						

(三)补学建议

　　可以迁移练写《一个我熟悉的人》《＿＿＿＿＿的爸爸》《＿＿＿＿＿的妈妈》《我为××点赞》等,运用本单元中描写人物的方法,写出他(她)某一方面的特点。

三、优秀习作

心灵手巧的奶奶 　　我的奶奶有一双巧手。她用她的巧手,把生活装扮得异常美丽。 　　我的奶奶今年60岁了,虽然她满头白发,但是她腰板硬挺,走路带风,说话大嗓门,尤其是干起活来,是一把好手。 　　她的手特别灵巧。我从小到大的毛衣,都是她亲手织的。我有一件白色的毛衣,胸前有一只红色的小鸭子,是奶奶亲手绣的。只有她能绣出这独一无二的小鸭子。我家每年过年墙上贴的窗花,也都是奶奶亲手剪的。她从来不在红纸上打草稿,拿起剪刀"咔嚓咔嚓"几下,一朵梅花就出来了。 　　奶奶还是我们村里做花馍的高手。她会做很多式样的花馍,大鲤鱼就是其中的一种。她做花馍时就只用一双筷子,菜刀的刀背、刀刃都是她顺手的工具。<u>她做鲤鱼花馍时,先压好面坯,再用两根筷子从一头一夹,鱼就有了头和脖子,接着掂起面坯放在盖帘上,横着拍一下,竖着拍一下,鱼鳞就成了。</u>我站在她身边,眼睛一眨不眨地看着,好奇地问道:"奶奶,你做鲤鱼花馍动作怎么这么快?"<u>她掂了掂鲤鱼馒头,说:"做得多了,就熟练了。"</u>听妈妈说,奶奶以前是给厂里做饭的厨娘,她不仅会做鲤鱼花馍,还会做石榴花馍、芙蓉花馍、万年青花馍。 　　"这条鲤鱼太像啦!"我夸赞道。<u>奶奶从盘子里取了一粒红豆,说:"给鲤鱼安个眼睛,年年有余。"</u> 　　奶奶就是拥有这样一双巧手,在她的巧手下,生活多姿又多彩。	写人可以先写外貌。 　　紧紧扣住"手巧"这个关键词,用罗列的方法把奶奶擅长的事情写出来。 　　通过描写奶奶出彩的动作、语言,人物就写活了。

☆五年级下册第六单元习作

神奇的探险之旅

一、学习目标

1. 能借助提示,按事情发展的顺序写一个探险故事。
2. 能展开丰富的想象,把遇到的困难、求生的方法写具体。

二、补学过程

(一)构思练习

写之前,先构思。

《神奇的探险之旅》构思单 1

◇你希望和谁一同去探险?

◇你想去哪儿探险?

◇你打算带上哪些装备?

◇你可能会遇到什么险情?

《神奇的探险之旅》构思单 2

◇人物:<u>心细而胆小的同学</u>

◇场景:<u>幽深洞穴</u>

◇装备:<u>地图、指南针、食物、饮用水</u>

◇险情:<u>遭遇猛兽、断水断粮</u>

《神奇的探险之旅》构思单

◇人物:＿＿＿＿＿＿＿＿＿＿＿＿＿＿＿＿＿＿

◇场景:＿＿＿＿＿＿＿＿＿＿＿＿＿＿＿＿＿＿

◇装备：＿＿＿＿＿＿＿＿＿＿＿＿＿＿＿＿＿＿＿＿＿＿＿＿＿＿＿＿＿＿＿＿＿

◇险情：＿＿＿＿＿＿＿＿＿＿＿＿＿＿＿＿＿＿＿＿＿＿＿＿＿＿＿＿＿＿＿＿＿

(二)重点练习

1.展开想象的翅膀,把遇到的险情、求生的方法进一步构思好。

遇到的险情	求生的方法
遭遇猛兽	钻进幽深洞穴躲避
断水	循着滴水声,找到水源
断粮	捉水潭里的鱼来吃

2.把构思好的"遇到的险情、求生的方法"等重点内容写具体。

3.写好后,和同学分享,并评一评,改一改。

《神奇的探险之旅》习作检查清单1

检查标准	自评	同伴评
能把遇到的险情写清楚	☆☆☆☆☆	☆☆☆☆☆
能把求生的方法写具体	☆☆☆☆☆	☆☆☆☆☆

4.对照优秀片段,进行修改。

【优秀片段】

　　走着走着,我隐约觉得身后有一团黑影向我们袭来。"你有没有感觉到有东西在跟着我们?"我用气声对小刚说。他用眼神示意我,不要向后看,忽然,坚定地喊了一声:"快跑——"他拉起我的手,就往前面冲去,像一股风。可是身后的那个黑影还是紧紧相随。"再跑快一点!"小刚对我说。我咬紧牙关,加快速度。可是跑不了多久,我就累得只喘气了,身上的背包像五指山一样压着我。我冷不防回头一看,瞧见是一头棕熊,个头有我们的三倍大,咧开了大嘴,露出尖利的牙齿,让人胆战心惊。"不能停! 前面有个洞穴,我们跑到那儿去躲一躲。"小刚对我说。

"险情"和"求生"交叉着写。

"求生"的内容中,融合进连续的动作、语言描写,一环扣一环。

(三)全文习作

1.根据构思的提纲,展开丰富合理的想象,完成整个探险故事。

2.写好后,把习作读给同伴听,并评一评,改一改。

《神奇的探险之旅》习作检查清单 2

	检查标准	自评	同伴评
基础级	能展开丰富合理的想象	☆☆☆☆☆	☆☆☆☆☆
	能把遇到的困境、求生的经历写具体	☆☆☆☆☆	☆☆☆☆☆
挑战级	能把人物的心情变化写出来	☆☆☆☆☆	☆☆☆☆☆

(四)补学建议

可以练习写同类的习作《难忘的探险之旅》《××历险记》《××奇遇记》等,展开丰富的想象,按事情发展的顺序写一个探险故事,把遇到的困难、神奇的遭遇、求生的方法、获得的别样体验写具体。

三、优秀习作

神奇的探险之旅	
探险,一直是我梦寐以求的事情。 　　昨晚,一阵凉风从我身边拂过,睁开眼睛,我发现自己和弟弟躺在了亚马孙热带雨林中,身边还有一位经验丰富的探险家。我们的背包里携带了高热量食物、水杯、帐篷、开山刀、睡袋、手电筒、麻醉枪、绳索等一系列野外必备物品。 　　亚马孙热带雨林,分属于八个国家,被称为地球之肺。一眼望去,看不到边际。旁边的树木纵横交错,我们仿佛置身于迷宫之中,并且每一条道路都可能有一些未知的危险,因为它是世界上最危险的区域之一。探险家对我们说:"用绳索把每个人连到一起,一个连着一个,就像一列火车。"弟弟好奇地问:"为什么要这样做?"他告诉我们:"据我多年探险的经验,我敢肯定咱们只要稍不留神就会迷路、走散,所以不怕一万,就怕万一,咱们还是绑在一起	展开想象,设想合情合理的情节。

为妙。"我们点头表示赞成。

在热带雨林里走路，非常吃力。脚踏下去，就会陷进去。我们的耳边常常响起不知名动物发出的声响。我的心总是悬着的。为了防止野兽突然袭击，我们把麻醉枪紧握在手上，开山刀也随时准备着。我们深一脚浅一脚地往前走，突然天空中的小鸟朝我们飞来，把我吓了一跳。正当我要开枪时，探险家提醒我："别紧张，不要浪费子弹。"

大约走了一个小时，我和弟弟看到了一种神奇的植物，它的花瓣一开一合的，就像一张大嘴巴。还没走近，我们就闻到了清新的花香。在好奇心的驱动下，我和弟弟正准备去摸，却被探险家厉声呵斥："这是食肉性植物，会把你们的手指吃掉的。"我立马缩回手。心想：看起来这么漂亮的花儿，却如此凶残，真是人不可貌相，海水不可斗量！我们看到一只小鸟停在花朵上，不用一分钟，就被花朵缠住，被花朵包裹住了……弟弟吞了一口唾沫，说道："我们赶快离开这里吧！"

> 写故事时，可以将自己在影视剧、书中看到的相关险情移植到习作中。

随着时间的流逝，天色渐渐暗下来了。我们听到前面有狼的号叫声，就立即止步，不敢再向前走了。我们快速搭起了帐篷，开始休息。这个夜晚，月黑风高，风吹树叶的沙沙声、动物们的嘶叫声，在我耳边不断响起，我的心里像揣着一只小兔子，怦怦跳个不停，一整晚都惴惴不安，几乎睁着眼睛到天亮。

> 在描写"险情"的同时，铺展开描写"求生"的情景。

好不容易熬到了天亮，我们吃了一些高热量食物，就开始启程返回了。虽然一路上困难重重，但是我们还是披荆斩棘，最终齐心协力地走出了热带雨林。

> 故事描写要完整。

这次探险，既惊险又刺激，在一次次面对困难时，我们团结合作一起克服困难，跨越险阻，最终完成了探险之旅，我高兴得手舞足蹈。我的笑声惊醒了沉睡的妈妈。我什么时候能去亚马孙热带雨林实现自己的探险梦啊！

☆五年级下册第七单元习作

中国的世界文化遗产

一、学习目标

能搜集资料,清楚地介绍一处自己感兴趣的中国的世界文化遗产。

二、补学过程

(一)选材练习

1.写之前,先明确中国的世界文化遗产。

> **世界文化遗产:**
>
> 　　它是被联合国教科文组织确认的在世界范围内都被认为具有突出和普遍价值的文物古迹,主要包括文物、建筑和遗址。
>
> 　　例如宏伟的北京故宫、美丽的敦煌莫高窟、神秘的秦始皇兵马俑、雄伟的长城、遥远的周口店北京人遗址、让人震撼的武当山古建筑群等。

2.选择一处自己感兴趣的中国的世界文化遗产,列好提纲。

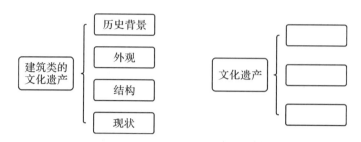

(二)重点练习

1.围绕所列提纲,有目的地搜集相关资料,如历史背景、基本现状等,并把资料来源记录下来。

2.把要介绍的内容进行分类整理,如描绘外观和结构的、记录历史变化的、讲述相关故事的。

3.筛选资料,剔除无关信息。如果资料不够完善,可以继续搜集、补充。

4.将整理后的资料用自己的话写下来,也可以引用别人的话,但要注明资料来源。

5.写好之后,与同学交换习作,评一评,改一改。

《中国的世界文化遗产》习作检查清单1

检查标准	自评	同伴评
能有目的地搜集相关资料	☆☆☆☆☆	☆☆☆☆☆
能分类整理资料,将整理后的资料用自己的话写下来	☆☆☆☆☆	☆☆☆☆☆

6.对照优秀片段,进行修改。

【搜集到的资料】

　　长廊位于万寿山南麓,面向昆明湖,北依万寿山,东起邀月门,西至石丈亭,全长728米,共273间,是中国园林中最长的长廊,被列入"吉尼斯世界纪录"。廊间的枋梁上都有彩绘,共有图画14 000余幅,内容包括山水风景、花鸟虫鱼、人物典故等。取材于中国古典名著。

直接提取资料中的数据。

【优秀片段】

　　颐和园最著名的景点当数长廊了。长廊位于万寿山南麓,面向昆仑胡,全长728米,是中国古典园林中最长的游廊。长廊分为273间,每一间的枋梁上都有五彩的画,画着人物、花草、风景,上万幅画中没有哪两幅是相同的。

把资料用自己的话写下来。

（三）全文习作

1. 根据构思的提纲和整理后的资料，完成全文。

2. 写好后，再次把习作读给同伴听，并评一评，改一改。

《中国的世界文化遗产》习作检查清单 2

	检查标准	自评	同伴评
基础级	能分几个方面来介绍	☆☆☆☆☆	☆☆☆☆☆
	能有目的地搜集相关的资料	☆☆☆☆☆	☆☆☆☆☆
	能将分类后的资料用自己的话写下来	☆☆☆☆☆	☆☆☆☆☆
挑战级	能使用图片、表格等辅助形式	☆☆☆☆☆	☆☆☆☆☆

（四）补学建议

可以拓展练习《中国的高铁纪录》《中国的"五岳"》《中国的名花》等，通过搜集资料，清楚地介绍自己感兴趣的一个主题。

三、优秀习作

敦煌莫高窟	
敦煌是古代丝绸之路上的重镇，敦煌莫高窟所珍藏的是中国的瑰宝，人们都把莫高窟称为甘肃的一颗明珠。敦煌壁画形象逼真，尤其是"飞天"图案，被唐朝人赞誉为"天衣飞扬，满壁风动"，成为敦煌壁画的象征。	介绍莫高窟的地理位置。
莫高窟的开凿得源于一位法名叫乐尊的和尚，据说，公元 366 年，乐尊云游到此，忽见鸣沙山上金光万道，状若千佛，心有所悟，便在悬崖上凿下了第一个石窟。此后，丝绸之路上的许多商人为了祈求前路顺利、生意发达，纷纷在这儿许愿开凿石窟，请民间艺人绘上心中崇敬的神像。从十六国到元朝，一直延续了 10 个朝代。	介绍莫高窟的传说。
北魏时期，壁画内容比以前增加了许多，不仅本生故事增多，佛传故事也更加丰富。	
莫高窟外，无边无际的大漠折射着骄阳刺眼的光芒。登上鸣沙山，脚下沙丘林立，风沙绕山吹过，轰鸣作响；弯	

弯的月牙泉静静地躺在山脚,曾经的敦煌古城如今也只有残垣断壁了,风沙掩埋了岁月,掩埋了古老的丝绸之路,但无法泯灭这里悠久的历史与灿烂的文化,那凝聚着千年人类智慧的莫高窟,将会不断吸引后来者去探寻,一代又一代……

☆五年级下册第八单元习作

漫画的启示

一、学习目标

1.能写清楚漫画的内容和可爱之处。

2.能借助标题或提示语,联系生活,写清楚从漫画中获得的启示。

二、补学过程

(一)基本功练习

写之前,先观察。

> 观察:
> 看看漫画画的是什么内容,可笑之处在哪里。

> 观察教材中的图 1:
> ◇一个人刚给小树浇完水,另一个人倚靠在树干上,要等着乘凉了。

> 观察教材中的图 2:
> ◇_____

(二)思考练习

写之前,再思考。

思考：
借助漫画的标题或简单的文字提示，联系生活中的人或者事，思考漫画的含义，获得启示。

思考教材中的图1：
◇讽刺了那些不想付出劳动，只等着坐享其成的人。

思考教材中的图2：
◇＿＿＿＿＿＿＿＿＿＿＿＿＿＿＿＿＿＿＿＿＿＿＿＿＿＿＿＿＿

(二)重点练习

1.练习写"启示"。要把漫画的启示写深刻，我们就要结合生活实际来谈感受，结合生活中的行为表现或事例来进行分析。

其实，生活中像这样等着乘凉的人有很多。他们不想付出劳动，只想坐享其成……

2.写好"启示"部分后，与同学交换习作，互相评一评，改一改。

《漫画的启示》习作检查清单1

检查标准	自评	同伴评
能结合生活实际来谈感受	☆☆☆	☆☆☆

3.对照优秀片段，进行修改。

看到这幅漫画，我不由得想到了我自己。每次做作业，我一遇到不会的题目，就会大声呼唤爸爸，等爸爸来给我讲解，自己从来不思考。爸爸给我讲解完都会告诉我，下次要先自己动脑筋，实在想不出来才能去问他。我一边答应着，一边却在想：为什么要自己去费脑筋呢？反正爸爸都会帮我解决的。就这样，那些平时我不会的题目在考试中我还是不会，因此，考试成绩也总是不理想。

这都是因为我有漫画中的那个人一样坐享其成的心理。"一分耕耘，一分收获"，让我们行动起来，付出自己的努力，才会有真正的收获。

→ 结合生活中的事例来写。

→ 表达出自己得到的鲜明的启示。

(三)全文习作

1.完成全文的习作。

2.写好后,再次把习作读给同伴听,并评一评,改一改。

《漫画的启示》习作检查清单 2

检查标准	自评	同伴评
能写清楚漫画的内容和可笑的地方	☺☺☺	☺☺☺
能将受到的启示结合生活实际来具体描写	☺☺☺	☺☺☺

(四)补学建议

可以选择报纸、杂志、书籍、网络上的漫画,运用"内容十启示"的方法进行描写。写好之后,把全班的文章收集起来,编一期《漫画的启示》的专刊。

三、优秀习作

漫画的启示	
漫画在逗人发笑的同时,也会让人们陷入深深的思考。最近我看到了漫画家华君武画的一幅漫画,感触很深。 　　在这幅漫画里,一位挽着衣袖的男子刚用铁锹栽好一棵小树苗,正准备给小树浇水时,却发现一个戴着眼镜的男子正双手抱膝,慵懒地倚靠着小树苗,小树苗纤细的树干都被他厚重的腰压弯了。那位栽树的男子惊讶地问他:"你在干什么?"那个戴眼镜的男子缓缓扭过头,一脸冷漠地回答:"等着乘凉。" 　　这棵树并不是戴眼镜的男子所栽,而他却想着不劳而获、坐享其成。就像《守株待兔》故事中那位农民,他偶获一只撞死在树桩上的野兔,便从此不去种地,每天坐在树桩旁等待野兔来撞击,结果什么也没得到。这个故事告诉我们,想要不劳而获、坐享其成,最终只会落得"竹篮打水一场空"。 　　我们在嘲笑他人的同时也要反思一下自己。其实生	先把漫画中的内容写清楚。

活中有很多像他这样希望天上掉馅饼的人。比如我身边就有个别同学放学回家后打游戏、看电视，不写作业，等到第二天上学时赶在老师检查之前，抄同学的答案，假装自己都写全了，写对了。到了期末考试的时候，考卷上的题目他们都不会做，却又想着怎样抄袭作弊，如果一直这样下去，将来他们长大了，也一定不会成功。还有一些同学在大扫除的时候，趁老师和其他同学不注意，就开始偷懒，表面上很卖力，其实就是在摆样子，根本不出力，在大扫除中没有做一点儿贡献，却想着享受其他同学用劳动和汗水换来的干净整洁的教室环境。

　　我们可不能做一个不劳而获、坐享其成的人，不然我们就会变得和这幅漫画中那个"坐等乘凉"的人一样可笑。革命家徐特立曾说过："一分耕耘一分收获，要收获得好，必须耕耘得好。"华罗庚也不是天生就对数学那么精通，而是不分白天和黑夜地研究思考，经过长年累月的努力，才成为一位举世闻名的数学家。其实，每一位成功者的背后都有一个坚持不懈、刻苦努力的身影。我们在成长的道路上，必须时时刻刻怀有一颗勤恳踏实的心，只有靠自己勤劳的双手，才能获得丰厚的果实，一定要记住：无论做什么事，都不能过于依赖他人，真正带领自己走向成功的，一定是自己的能力、自己的力量。

再阐述自己的思考。

可以结合生活中的例子来证明自己所要阐述的观点。

☆六年级上册第一单元习作

变形记

一、学习目标

1.联系生活经验,展开丰富的想象。

2.有条理地记叙变形后的经历、生活,把重点部分写详细。

3.根据老师和同学的建议,运用修改符号修改自己的习作。

二、补学过程

(一)思路练习

1.写之前,阅读教材中的习作提示,拓宽写作思路。

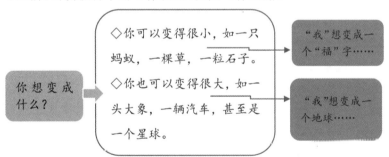

2.变形后,你生活的世界将发生怎样的改变?

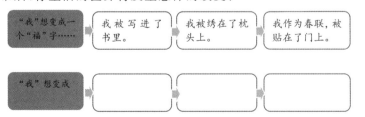

(二)范文引路

1.阅读范文,学习将"变形"后的经历写详细的方法。

"福"进万家	
我变成了一个小小的"福"字,住在厚厚的字典里。	开头可以略写。
有一天,一位作家翻阅着字典,对着我说:"多好的一个字呀,我要把你写进我的书里。"他朝我微笑。我就这样被这位作家写进了他的书里:"从此以后,白小云和黑小土幸福地生活在了一起。"很多读者读完作家写的书,都会对着我看很久很久。我问作家为什么,他说:"因为经历过苦难的生活,才知道什么是真正的幸福。"我抖了抖身子,心里觉得很甜美。	中间"变形"之后的经历部分要详写。
作家的夫人心灵手巧,她很会绣花。作家在写作的时候,她就在旁边绣着花。那天,她瞅着作家写的书,盯着我看了又看,说道:"我把这个'福'字,绣在新做的枕头上吧。"作家点点头,说:"福气枕头,福气满满。"她就用红丝线,在黑色的金丝绒缎面上绣啊绣,绣啊绣,绣了一个红红火火的我。她抚摸着我,说:"以后,每晚枕着你睡,夜夜好梦!"我忍不住笑了。	可以采用"一波三折"的方法来写。
临近春节,作家的朋友来了,他是一位书法家。他一进门,就铺开红色的宣纸,写了一个大大的我。我都没有准备好,他就拿着我说:"这个'福'字,我写得一气呵成。我们要多写几个,等会儿去社区里送给那些孤寡老人。"作家竖起大拇指,点赞:"福气进万家。"就这样,我就变成了10个我,20个我,30个我……我被倒着贴在了一位老奶奶家的门上。老奶奶的女儿在一次抗击新冠肺炎疫情的战斗中牺牲了,过年了,她一定很想很想她女儿。我相信,她女儿会永远陪伴在她身边……	展开想象把看到的、听到的、想到的写具体。尤其是"特别新奇、有趣"的地方要写清楚。
我作为一个"福"字,能给大家带来幸福,我觉得自己也是幸福的。	

2.选择提纲中你认为最新奇、有趣的情节来写。

3.写好之后,和同学交换习作片段,并评一评,改一改。

《变形记》习作检查清单 1

检查标准	自评	同伴评
能把"变形"后的经历写具体	✳✳✳✳✳	✳✳✳✳✳
能写出变形后的新奇、有趣之处	✳✳✳✳✳	✳✳✳✳✳
能"一波三折"地把经历部分写详细	✳✳✳✳✳	✳✳✳✳✳

(三)全文习作

1.按照习作提纲,完成全文。

2.写好后,把习作再次读给同学听,并评一评,改一改。

《变形记》习作检查清单 2

检查标准	自评	同伴评
能联系生活经验,展开丰富的想象来写	✳✳✳✳✳	✳✳✳✳✳
能有条理地把"变形"后的经历写清楚、写具体	✳✳✳✳✳	✳✳✳✳✳
能"一波三折"地把经历部分写详细	✳✳✳✳✳	✳✳✳✳✳
能根据老师、同学的建议,运用修改符号把"变形"后的经历修改得新奇、有趣	✳✳✳✳✳	✳✳✳✳✳

(四)补学建议

1.题目:_____的旅行

提示:把自己当成大自然中的一种植物或动物,想象这种植物或动物在大自然中是怎样旅行的,融入自己的感受写下来。

2.题目:隐形记

提示:如果你拥有隐形的本领,将会有怎样的故事发生?展开想象,有条理地记叙隐形后的经历、生活,把重点部分写详细。

三、优秀习作

变形记	
"怎么回事,我全身都变成白色的啦?我的头发,我的手,我的腿,都软软的了,我的身体也变透明啦。怎么回事,	

我变成一只——塑料袋——了——"我万万没想到会变成这样。当眼泪从我的塑料身体上滑落时，我的身体突然间被一股力量重重地一拉扯，原来我是被挂在货架上，现在有一位老奶奶挑选完青菜，要用我装青菜呢。

用第一人称视角拉开想象的序幕。

我跟着老奶奶回了家，本以为我会一直安然无恙地待在厨房的角落里。没想到，老奶奶一回家就清洗青菜，把我丢进了标有"其他垃圾"的垃圾桶里。桶里臭气熏天，暗无天日，我总是盯着桶口看，希望有人打开垃圾桶，我就可以喘口气了。一天黎明，一位清洁工人打开了垃圾桶，把我倒进了一辆垃圾车里。车子往前开，我从一道缝隙里挤出了身子，被风刮到了空中。随着风，我一路跌跌撞撞，卷入了大海。

展开想象时，要时刻把握住"塑料袋"的特点。

随后，我不得不面对自己的命运——被"封印"在海底。海水在阳光的照射下变得波光粼粼，叫不出名字的鱼儿在珊瑚丛中来回穿梭。我的身体装满了海水，变得鼓鼓囊囊，在海底浮浮沉沉。一个午后，一只大海龟突然游了过来，我避让不及，和它撞了个满怀。我的身体蒙住了它的头，它一下子无法呼吸，拼命挥动前肢想要挣脱我。由于我无法控制自己的身体，我们越缠越紧。我着急地大喊："海龟先生，你先别动！"我顺着海水流动方向，试图挪动自己的身体。千钧一发之际，我终于解开束缚，海龟先生得救了。正当我要上前查看海龟先生的情况时，"请……请和我保持安全距离！"海龟先生连连制止，"你们塑料袋实在太可恶，不知道有多少同胞被你们害得失去了生命！我再也不想看到你们了。"说完它便怒气冲冲地游走了。看着它的背影，我内疚极了，没想到一只小小的塑料袋，竟也会威胁海洋生物的生命安全。

采用"一波三折"的方法，把"变形记"重点部分写详细，把故事写生动。

"嚓"的一声，我感觉到我的身体无比疼痛。天哪，一只大龙虾的钳子，把我的身体割破了，我被四分五裂，在大海里孤独地游荡……

☆六年级上册第二单元习作

多彩的活动

一、学习目标

1.写清楚活动过程,将重点部分写具体。

2.用点面结合的方式写场面,既关注整个场景,又注意人物的动作、语言、神态等细节描写。

3.写出活动中的体会。

二、补学过程

(一)思路练习

1.写之前,阅读教材中的习作提示,拓宽写作思路。

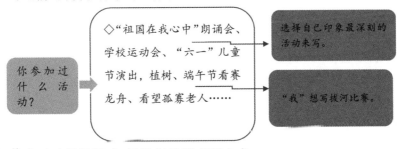

2.将自己选择的活动,用提纲的形式列出来。

拔河比赛
- 活动前:我们拿好绳子,等待比赛的哨声。
- 活动中:同学们齐心协力,卖力拔河;拉拉队狂喊加油。
- 活动后:我们队赢了。

活动前：＿＿＿＿＿＿＿＿＿＿＿＿＿＿＿

＿＿＿＿＿＿　活动中：＿＿＿＿＿＿＿＿＿＿＿＿＿＿＿

活动后：＿＿＿＿＿＿＿＿＿＿＿＿＿＿＿

(二)重点练习

1.写活动的过程时,采用点面结合的方式,既要关注整个场面,也要注意同学的表现,写一写他们的动作、语言、神态。

2.写好后,把习作片段与同学交换,互相评一评,改一改。

《多彩的活动》习作检查清单1

检查标准	自评	同伴评
能写清楚活动的过程	☆☆☆☆☆	☆☆☆☆☆
能采用点面结合的方式来写过程部分	☆☆☆☆☆	☆☆☆☆☆

3.对照优秀片段,进行修改。

【《拔河比赛》片段】

　　看看前面的小高同学,他咬着牙,拼命地往后拉绳子,脚一直艰难地往后退着。他的脸涨得通红,头发早已被汗水浸透,嘴里喊着:"拉——拉——拉——"我们班的队员们在他的喊声助力下,屏住了气,使出吃奶的力气往后拉绳子。我们看到大红布条开始往我们这边移动过来。啦啦队员们忙呼喊起来:"加油! 加油!"声音一浪高过一浪。

　　场上的比赛激烈地进行着,对手也许是刚才用了太多的力气,渐渐显得体力不支。我们趁此机会,拼命拽着绳子,用尽力气奋力一拉。终于,红布条被我们拉过来了。场上爆发出排山倒海似的欢呼声:"我们赢啦!"

采用点面结合的方式来写过程部分。

描写队员们的动作、语言、神态。

(三)全文习作

1.在修改好"活动过程"片段的基础上,完成全文习作。

2.写好后,与同学分享,评一评,改一改。

《多彩的活动》习作检查清单 2

检查标准	自评	同伴评
能按照顺序清楚地描写活动	☆☆☆☆☆	☆☆☆☆☆
能把活动的过程写详细	☆☆☆☆☆	☆☆☆☆☆
能采用点面结合的方式来写过程部分	☆☆☆☆☆	☆☆☆☆☆
能把活动中的体会写清楚	☆☆☆☆☆	☆☆☆☆☆

（四）补学建议

可以进一步练写《一次难忘的活动》或者《一次_____的活动》,用点面结合的方式写场面,既关注整个场景,又注意人物的动作、语言、神态等细节描写,还可以描写自己的感受。

三、优秀习作

<table>
<tr><td>

端午节看赛龙舟

"咚咚咚",是谁在敲鼓?"加油,加油",是谁在呐喊?绕村的河畔,人潮涌动,爸爸带着我来看赛龙舟。

赛龙舟,是我们村里端午节的习俗之一。随着开赛击鼓声响,一艘艘龙舟如离弦之箭,劈波斩浪,奋勇争先。代表我们村的是黄龙队,那是一条金黄色的龙,12 名队员把桨列在船的两边,齐心协力奋勇挥桨,嘴里高喊着:"1,2,划呀——1,2,冲啊——"我的心也被提了起来。我握着爸爸的手,说:"龙舟赛真激烈啊!"爸爸笑着说:"有我们中华民族的精神在里面,好好看!"

端午节,作为传统节日,它起源于春秋战国时期,传说是为了纪念爱国诗人屈原。这时,岸边传来了山歌声:"五月里端阳炎热天,佳人游玩到河边,忽听得锣鼓叮咚音乐喧。小小的龙船两头儿尖,十二把桦橹哗咕咙咚唥列在两边。三岁的娃娃在龙船上站,七岁的顽童哗咕咙咚唥后面打秋千,打了一个鲤鱼把龙门来跳,打了一回珍珠哗咕咙咚唥倒卷珠帘……"这穿越古今的歌声,在江流中演变。

</td><td>

先写整个场面,再聚焦到一支比赛队伍,做到点面结合。

</td></tr>
</table>

千舟竞发，锣鼓喧天。龙舟队越划越来劲，他们精神抖擞，英姿勃发，船桨激起的水花，也闪动着热烈的激情："1，2，划呀——1，2，冲啊——"我们情不自禁地跟着龙舟跑了起来。翻飞的龙舟，拍浪惊飞，飞驰在江面的浪尖。水在江中流，浪在河中腾翻。真是"船争先后渡，岸激去来波"。 　　龙舟，在江中翻腾；乡情，在呐喊声中传递。难忘这端午的龙舟赛。	具体描写队员们的动作、语言、神态。

☆六年级上册第三单元习作

_____让生活更美好

一、学习目标

1.写清楚某种事物让生活变美好的经历,并把原因写具体。

2.认真修改自己的习作,分享习作。

二、补学过程

(一)思路练习

1.写之前,阅读教材中的习作提示,拓宽写作思路。

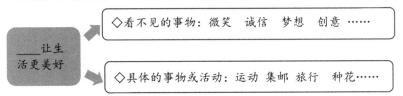

_____让生活更美好

◇看不见的事物：微笑　诚信　梦想　创意……

◇具体的事物或活动：运动　集邮　旅行　种花……

2.模仿教材中的例子,说一说"什么让你的生活更美好",并说明原因。

我的答案是种花。把种子种下去,等它们发芽,看它们慢慢长大,很有成就感。

我的答案是(　　　)。

_____

_____

(二)重点练习

1.你打算通过哪件具体的事情把"××让你的生活更美好"的影响说清楚?让我们把事情的过程分点写下来。

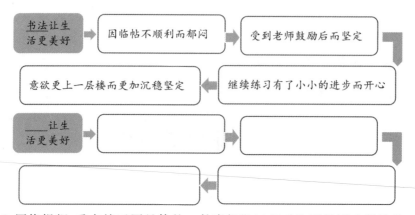

2.围绕提纲,重点练习写具体的一件事把"××"对生活的影响说清楚。

3.写好后,与同学交换习作片段,并评一评,改一改。

《_____让生活更美好》习作检查清单 1

检查标准	自评	同伴评
能通过具体的一件事把"××"对生活的影响写清楚	○A　○B　○C	○A　○B　○C
能把事情的经过部分,通过语言、动作、心理活动描写具体	○A　○B　○C	○A　○B　○C

(三)全文习作

1.在修改好的基础上,完成全文习作。

2.写好后,与同学分享,互相评一评,改一改。

《_____让生活更美好》习作检查清单 2

检查标准	自评	同伴评
能在习作中紧紧围绕自己所填写的那个词语来写	○A　○B　○C	○A　○B　○C
能通过具体的一件事把"××"对生活的影响写清楚	○A　○B　○C	○A　○B　○C
能把事情的经过部分,通过语言、动作、心理活动描写具体	○A　○B　○C	○A　○B　○C
能把习作写得吸引同伴读下去	○A　○B　○C	○A　○B　○C

3.修改完后,在班级里举办一次"共享美好生活"主题班会,分享各自的心得体会。

（四）补学建议

可以细化练习写《××让我快乐》《××让我幸福》《××让我自信》等，写清楚某种事物让自己变得美好的经历，并把原因写具体。

三、优秀习作

<table>
<tr><td>

科技让生活更美好

　　"妈妈，我们一起去买菜吧！"我拎起菜篮就要走。妈妈从厨房里出来，摸了摸口袋说："我钱包忘记拿了，我去拿一下。"我忙喊住妈妈："有手机就行了！"妈妈笑着说："是噢。"

　　我们在菜摊前，买了青菜、西红柿、土豆、茄子，临付款了，摊主指着二维码问我们："支付宝，还是微信支付？"妈妈拿着手机，说："支付宝。"摊主说："12元。"妈妈对准支付宝的二维码一扫，立刻响起了："支付宝到账12元……"真是又快又便捷。

　　往日硬币的碰撞声，被收付款声所取代。菜市场上，很少能看到人们为了抹去一两角钱的零头而讨价还价了。科技，正一步步地改变着我们的生活。

　　回家的路上，妈妈遇到了她的小学同学，互相问候了之后，妈妈打开微信说："我们加一下'好友'吧，以后遇上什么事情，随时可以联系。"就这样，十多年没见的同学，一下子成为微信里天天可以见面的朋友。妈妈他们还组建了一个小学同学群，在那里他们分享着生活中的点点滴滴。科技，让他们的友谊之绳又连在了一起。真是"海内存知己，天涯若比邻"呀！

　　"故人具鸡黍，邀我至田家。"现在出门聚餐，可比古人幸福多了。像"海底捞"火锅，送餐的不是服务员，而是机器人，它有五层架子，每层上面放着不同桌号点的菜，一按"出发"，它就会从厨房来到你面前。送完菜之后，再选择"完毕"按钮，机器人又马不停蹄地转去下一桌了。

　　不光是餐厅，很多旅游景点也会放一个专门讲解的机

</td><td>

　　用生活中真实、具体的例子，来说明"科技让生活更美好"的原因。

　　从"家"这个点，拓展到社会这个"面"，以点带面把科技对生活的改变写清楚。

</td></tr>
</table>

器人。有一回，我们在景区迷路了，怎么也找不到出口，幸好在大亭子下发现了一个可以查询旅行路线的机器人。我们把地点输进去，一眨眼，正确的线路就出现了，我们按照线路顺利地找到了出口。

可以说，科技，让我们的生活变得越来越便捷：饿了，我们不想煮饭，手机上点美团，一键为你搞定；想看电影了，我们不想排队花费时间，可以网上预订电影票；想去旅游，手机上下载个App……从前两三个小时才能完成的事情，现在几分钟就全都OK了，效率大大提高了。

日新月异的科技，让生活更美好！

☆六年级上册第四单元习作

笔尖流出的故事

一、学习目标

1.展开想象,根据提供的环境和人物创编生活故事。

2.把故事情节写具体,通过环境或心理描写表现人物形象。

二、补学过程

(一)选材练习

1.根据教材中提供的三组材料,设想故事情节。

环境	人物	我想到的故事
开满丁香花的校园	淘气包张明 雷厉风行的班长王寒冰 充满活力的年轻班主任李军	张明因淘气引发了他与班长之间的矛盾,班主任用智慧化解了矛盾
冬日黄昏时车来车往的街头	充满爱心的少年陆天 志愿者徐明	陆天遇见了一位患病的老奶奶,徐明来帮忙
月光下的村庄	铁蛋 饮蛋远道而来的表哥	铁蛋和表哥在月光下讲述自己的童年趣事

　　2.在明确了自己要写的故事的环境、人物和事情之后,按"起因、经过、结果"的逻辑对内容进行梳理。

起因：淘气包张明在自修课上唱流行歌曲。

班级风波

经过：班长王寒冰对张明进行了严厉的批评，还把张明的姓名记在了黑板上。张明不服气，两个人吵了起来。班主任李老师在张明的姓名旁画了一个金话筒。

结果：张明主动向班长承认了错误。

起因：_____

□□□□

经过：_____
_____

结果：_____

（二）重点练习

1.和同学讨论一下：教材中三组材料中的"环境"与突出人物形象之间有什么关系呢？

环境	人物	环境与突出人物形象之间的关系
开满丁香花的校园	淘气包张明 雷厉风行的班长王寒冰 充满活力的年轻班主任李军	用丁香花比喻人物之间美好的情感
冬日黄昏时车来车往的街头	充满爱心的少年陆天 志愿者徐明	冬日黄昏街头，来来往往的行人与陆天的爱心行为形成对比
月光下的村庄	铁蛋 铁蛋远道而来的表哥	如水的月光见证了哥俩纯真的童年

2.挑选一个环境，进行描写。

◇初春，丁香花花团锦簇，整个校园浸在浓浓的花香里。远远望去，丁香花美丽的身影在微风中轻轻摇曳着，似乎在诉说着一件件心事。

◇_____
_____

（三）全文习作

1.根据所列的提纲,完成整篇习作。

2.写完后,在小组中与同伴交换习作,互相评一评,改一改。

《笔尖流出的故事》习作检查清单

检查标准	自评	同伴评
故事能围绕主要人物展开	☺☺☺	☺☺☺
能创编出一个完整的故事,且情节吸引人	☺☺☺	☺☺☺
能试着写出故事发生的环境	☺☺☺	☺☺☺
能在故事中描写人物的心理活动	☺☺☺	☺☺☺

3.修改人物的心理活动描写。

◇课文《穷人》中的心理活动描写

　　她忐忑不安地想:"他会说什么呢? 这是闹着玩的吗? 自己的五个孩子已经够他受的了……是他来啦? ……不,还没来! ……为什么把他们抱过来啊? ……他会揍我的! 那也活该,我自作自受……嗯,揍我一顿也好!"

➡ 心理活动描写表现桑娜的善良品质。

◇材料一的心理活动描写修改提示
• 雷厉风行的班长看到淘气包不遵守纪律,会怎么想?
• 淘气包张明听到班长对他的批评,会怎么想?
• 班级里闹了矛盾,班主任李老师知道后,会怎么想?

➡ 心理活动描写要与人物的性格、品质相吻合。

4.修改完后,在班级里开一个故事会,和同学交流自己最喜欢的故事,并说说喜欢的理由。

（四）补学建议

环境:热闹的菜市场
人物:卖土豆的王大爷、斤斤计较的李阿姨、跪地乞讨的小女孩

　　根据提供的环境和人物,展开合理的想象,创编故事,把故事情节写具体,通过环境或心理描写表现人物形象。

三、优秀习作

月光下的决定	
天渐渐黑了,月亮悄无声息地爬上了天空。在月光的照耀下,一切都显得那么朦胧,像是被蒙上了一层薄雾。在一条乡间小路旁,有一间低矮的房屋,里面住着铁蛋和他的父母。	故事从环境描写开始,为故事的发展渲染情绪。
铁蛋是名刚初中毕业的中学生,收到高中录取通知书的他看着家里破败不堪的屋顶、极其简陋的设施,竟提出辍学打工的请求。这时满脸忧愁的铁蛋,正坐在窗户旁,望着远去的路。	
"铁蛋,铁蛋,我回来啦!"屋外响起那熟悉的声音。铁蛋欣喜若狂地跑去开门:表哥终于回来了,也不知道他在城里生活得怎么样。打开门,看着表哥那熟悉的面孔出现在眼前,每天盼望着表哥回家的铁蛋这时却激动得说不出话来,两眼流露出无限兴奋。	故事要围绕主要人物展开。
表哥放下行李箱,一边打量着铁蛋,一边环顾四周,还不住地说上几句:"好久不见,长高了不少嘛!""这几年家中的情况真的是一点没变呀!"突然,表哥看见墙角铁蛋的破书包,随口问道:"铁蛋,你的学业应该有很大的进步吧?"铁蛋的脸涨得通红,回应道:"嗯,初中刚毕业,也考上了高中……可高中我不打算上了,想出去打工。"表哥一下子愣在了原地,半天没说出话来,小屋里静得可怕。"要不我们出去走走?"这时响起表哥略带询问的语调。	
铁蛋带着表哥沿着屋旁的小路一直向前,表哥跟铁蛋说了自己大学里的生活,还说这次来他们村是为了进行一项关于农村普及义务教育的情况调查。铁蛋听得入迷了,可最后却只能尴尬地笑了笑,说道:"读书是好,可是以后大学毕业了还不是得给别人打工,与其这样,还不如早点儿去打工。"表哥和铁蛋之间,是一阵令人窒息的沉默。	
月光透过树叶零星地洒落在地上,铁蛋感到表哥的脚	

步越来越慢,越来越轻,他正想喊表哥快点跟上来,表哥却先发话了:"来,铁蛋,来看看这个视频。"视频里播放的是繁华的大都市中,高楼林立,车水马龙,几名年轻的大学生在宽敞明亮的实验室里一起研究,发明了许多智能家居,那些发明使整个房间焕然一新……铁蛋看着这些发明,打心眼里羡慕那些大学生,心里琢磨着:书读多了就是好,书读多了知识面就广了,就有能力设计出更多的高科技产品,从而使生活更便捷。

　　表哥拍了拍铁蛋的肩膀:"铁蛋,你以后的路还很长,如果现在就中止学业,那么你的知识面就会很窄,将来怎能有更好的发展呢?我希望你能继续你的学业,好好学习,将来为祖国的富强,尽自己的一份力!"说罢,表哥沿着小路往回走。铁蛋望着月光下表哥渐渐远去的背影,暗暗下定了决心。回到家,他从破旧的书包里拿起那张高中录取通知书,把它轻轻地放在桌上,内心似乎充满了无限的力量。

　　月光下,小屋里,一位少年正端坐在书桌前,久久凝望着远方……

> 可以写一写主要人物的心理活动,烘托出人物的形象。

> 环境描写可以首尾呼应地来写,使故事结构更加紧凑、完整。

☆六年级上册第五单元习作

围绕中心意思写

一、学习目标

1.自主阅读习作例文,了解作者围绕中心选择了哪些材料,以及是怎样把重点部分写具体的。

2.能围绕一个意思选择不同的事例或从不同的方面来写,能将重要的部分写详细、写具体。

3.与同伴交换习作,针对是否写清中心意思互相评价,修改习作。

二、补学过程

(一)选材练习

1.选择一个自己感受最深的汉字,想想它所代表的含义,确定一个中心思想,并在后面打★。

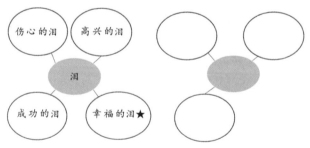

(二)重点练习

1.想清楚自己要表达的中心思想后,从不同的方面或选择不同的事例来写。

所选汉字	中心思想	从不同的方面或选择不同的事例来写
泪	表达对幸福的感恩	我在跑步时摔倒了,同学扶我起来,我流下了幸福的泪。(略写) 我因为打扫卫生错过了午饭,老师把她的饭给了我,我流下了幸福的泪。(略写) 妈妈给我织了一双手套,我流下了幸福的泪水。(详写)

2.选择最能体现中心思想的一件事进行具体描写。

3.写好后,与同学交换习作片段,互相评一评,改一改。

【优秀片段】	【点评】
一个风雪交加的夜晚,我正躺在温暖的被窝里睡觉。半夜我起来去卫生间,发现客厅里的灯亮着。是谁在那儿? 　　我悄悄走过去,轻轻打开门。只见妈妈在灯下给我织手套。她先把毛线针穿进去,然后用毛线在针上绕一圈,最后把毛线挑出来。妈妈不断地重复着同样的动作,是那样一丝不苟。我走上前去,对她说:"妈妈,快去睡吧!"她抬起头,对我说:"明天要降温,给你织副手套,手就不冷了。"我知道我无论说什么,她都不会停下来。我回到自己的房间,躺在床上想到妈妈劳累一天还要为我织手套,心疼极了。 　　第二天早上,我一起床就看到床头放着一副草绿色的手套,分了五个手指,上面还钩了一朵粉红色的小花。我抚摸着它,感觉好温暖呀!此时,我情不自禁地流下了幸福的泪花。	在典型事件中描写主人公的动作、语言。★★★ 在细节描写中呼应题目,突出中心思想。★★★

(三)全文习作

1.根据所列的提纲,完成整篇习作。

2.写完后,在小组中与同伴交换习作,互相评一评,改一改。

"围绕中心意思写"习作检查清单

检查标准	自评	同伴评
能围绕一个意思选择不同的事例或从不同的方面来写	☆☆☆☆☆	☆☆☆☆☆
能将重要的部分通过动作、语言描写来写具体、写详细	☆☆☆☆☆	☆☆☆☆☆
能与同伴交换习作，针对是否写清楚中心意思互相评价	☆☆☆☆☆	☆☆☆☆☆
能根据同伴写的意见，及时进行修改	☆☆☆☆☆	☆☆☆☆☆

(四)补学建议

围绕关键词"生"选择不同的事例或从不同的方面来写，将重要的部分写详细、写具体。

三、优秀习作

暖

"愿你被这个世界温柔以待。"每每看到这句话，脑海中就会浮现出一个个温暖的画面。

那年冬天，下了很大很大的雪。早晨上学的时候，王老师看见我们，就摸摸我们的头，说："冷坏了吧?"我们笑着摇摇头。语文课上，要写字了。我的手冻得握不住笔，眼泪一滴滴地落在田字格簿上。王老师看见了，走到我身边，用她的双手捂住我的小手，搓了又搓，对我说："别哭，搓搓就热了。"望着王老师冻得通红的鼻子，我的心被搓热了，觉得很温暖很温暖……

上体育课时，老师让我们比赛接力跑。我紧盯着队员递过来的接力棒，正要跑。接力棒由于没拿稳，掉到地上了。我二话不说蹲下身子，捡起接力棒就跑，可是对手已经跑到我前面很远的地方了。我咬着牙，迈开大步，拼命跑上去，可是无论我怎么努力，我们队就是落在后面了。当我把接力棒传给下一位同学时，我心里非常难过：要不是我没拿好接力棒，就不会拖队伍的后腿了。我们队最后被对手打败了。我向所有的队员道歉："对不起，是我害得

围绕"暖"这个中心词分几个方面写。

第一个方面写老师带给自己的温暖。

第二个方面写同学带给自己的温暖。

大家输了。"没想到大家拥抱了我,安慰我说:"别把责任都揽在自己身上,我们是一个集体,下次我们再赢回来。"听到同学们对我说的话,我的心里暖暖的,升起了一道灿烂的阳光。 　　傍晚回家时,我在小区门口,见到我家楼下那位老爷爷家信箱里的报纸没有塞进信箱,被风刮起来,在地上翻卷。我忙捡起报纸,跑上楼,把报纸送到他家。老爷爷接过报纸,说道:"谢谢!"出门时,我看到他家的门口堆放着两袋垃圾,没有及时处理。我对他说:"这垃圾,我来帮您投到楼下的垃圾桶吧!"老爷爷连声说:"太谢谢了!"老爷爷平时一个人住, 定很孤单、寂寞。我觉得自己通过努力,能帮助他,感到非常幸福,心里仿佛装着一个红太阳。 　　只要人人都献出一点爱,那这个世界将变得温暖和美好!	第三个方面写自己带给别人的温暖。 　　三个方面层层递进,将主题一步步揭示。

☆六年级上册第六单元习作

学写倡议书

一、学习目标

1.能就自己关心的问题写一份倡议书。

2.所写的倡议书能做到格式正确、内容清楚。

二、补学过程

(一)选材练习

观察自己身边的各种现象,收集并记录要倡议的问题。

> 如果你有一个想法希望得到大家的支持,想与大家一起去实施,那你可以写一份倡议书。

倡议：文明养狗

倡议：_____

(二)重点练习

1.写清楚倡议的具体内容,要突出要点,分点分段说明。

倡议主题	倡议内容
文明养狗	1.遛狗要拴绳子,必要时戴嘴套。 2.自备垃圾袋,处理狗的排泄物。 3.带狗乘坐电梯时,尽量避开上下班高峰。

> 倡议的举措可以是预防性质的,也可以是补救性质的。

2.写好后,与同学交换习作,互相评一评,改一改。

"学写倡议书"习作检查清单 1

检查标准	自评	同伴评
能把倡议的内容,突出要点写	☆☆☆☆☆	☆☆☆☆☆
能将倡议的内容,分点分段写	☆☆☆☆☆	☆☆☆☆☆

(三)全文习作

1.参照书中的范文,完成整篇倡议书。

2.写完后,在小组中与同伴交换倡议书,互相评一评,改一改。

"学写倡议书"习作检查清单 2

检查标准	自评	同伴评
能把标题取得鲜明	☆☆☆☆☆	☆☆☆☆☆
能依据倡议的对象写称呼	☆☆☆☆☆	☆☆☆☆☆
能把倡议的必要性写明白	☆☆☆☆☆	☆☆☆☆☆
能将倡议的内容分点分段写清楚	☆☆☆☆☆	☆☆☆☆☆
能用一两句鼓动性的话进行呼吁	☆☆☆☆☆	☆☆☆☆☆
能准确地在右下方写上署名和日期	☆☆☆☆☆	☆☆☆☆☆

3.根据倡议的对象,将倡议书发布在合适的地方,如校园的公告栏、小区的布告栏、网络论坛。

(四)补学建议

尝试以不同的身份来写倡议书,假如已经用"单位的名义"写倡议书了,可以尝试以"个人的名义"来写倡议书,反之亦然。结合班级活动,适时写倡议书。

三、优秀习作

文明养犬倡议书 ⟶ 鲜明的标题。

亲爱的梅堰小区居民朋友： ⟶ 依据倡议的对象写称呼。

新春佳节将至，居民朋友们走亲访友、外出购物、娱乐活动增加，一些养犬户携犬外出活动也随之增加。为保障大家的身体健康和人身安全，维护小区环境和社会公共秩 ⟶ 写清楚发倡议的原因。

序，巩固全国文明城市创建成果，我们向大家发出文明养犬倡议，让我们从今天起，努力做到以下几点：

一要依法养犬。广大养犬户要按照《中华人民共和国动物防疫法》《杭州市文明行为促进条例》《杭州市中心城区犬类管理通告(试行)》等法律法规的有关规定，自觉遵守养犬登记和免疫制度，定期接种预防狂犬病的疫苗，不 ⟶ 正文写清楚倡议的内容，可以分点写。

违规养犬，不虐待、遗弃犬只，不携犬只(导盲犬、扶助犬除外)进入公共场所，自觉接受养犬管理部门的管理。

二要规范养犬。限制区域禁养烈性犬、大型犬，居民养犬要进行圈养，户外遛犬按规定佩戴犬牌，主动使用束犬链，并由成年人牵领，主动避让行人和车辆，避免犬只近距离接触老年人、残疾人、孕妇、儿童等特殊群体，避免发生咬伤他人现象。不放任、驱使犬只伤害他人，犬只不慎咬伤他人时，养犬人应主动对伤者实施救治。对于纵犬伤人行为，公安部门将依法从严从重予以处罚。

三要卫生养犬。居民朋友们携犬出户时，要随身携带清污工具，不携犬或放任犬只践踏公共草地花圃，不占用公共设施，防止犬只在公园、休闲场所、道路及绿化带等地排泄粪便，如发生此类问题，要及时清理，并妥善处置。

四要文明养犬。居民朋友们养犬要自觉接受邻里提出的意见和建议，防止侵扰他人正常生活。犬吠影响他人休息时，应采取有效制止措施，如戴嘴套、止吠器等。不携犬只乘坐小型出租汽车以外的公共交通工具，乘坐小型出租汽车时，应征得汽车驾驶人和同车乘车人同意。

依法养犬，文明养犬，是每一个市民应尽的责任和义务，让我们携起手来，做一个文明、自律的养犬人！	写鼓动性、呼吁性的语言。
梅堰小区物业管理处 2022 年 1 月 20 日	最后要写上署名和日期。

☆六年级上册第七单元习作

我的拿手好戏

一、学习目标

1.写自己的拿手好戏,学习列提纲,把重点部分写具体。

2.修改习作,做到语句通顺、重点清楚。

二、补学过程

(一)选材练习

1.审题:"好戏"指的是绝活或绝招。"拿手"就是自己擅长的。

2.仿照教材中的《三招挑西瓜》,给自己的拿手好戏列一个提纲。

《三招挑西瓜》

- 点明拿手好戏是挑西瓜。
- 简单介绍:是怎样练成挑西瓜的拿手好戏的。
- 具体写:周末和同学郊游时挑西瓜、吃西瓜的趣事。
  - 我用"看、拍、听"三招,自信地挑了两个大西瓜。
  - 第一个西瓜很好,得到同学的夸赞,我很得意。
  - 第二个西瓜没熟,我很尴尬——拿手好戏演砸啦!

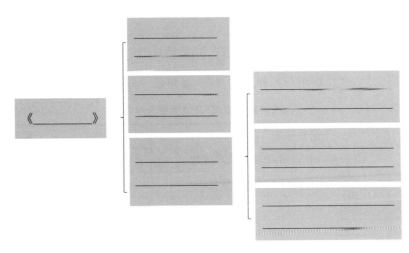

(二)重点练习

1.练习写有关拿手好戏的故事,把故事写具体。

2.写好后,与同学交换习作,互相评一评,改一改。

《我的拿手好戏》习作检查清单 1

检查标准	自评	同伴评
能把有关拿手好戏的故事写具体	☆☆☆☆☆	☆☆☆☆☆
能做到语句通顺	☆☆☆☆☆	☆☆☆☆☆

3.对照优秀片段进行修改。

【优秀片段】

　　看着一大堆西瓜,我有些忐忑:要是没选好,大家肯定会笑话我。"快选啊!""挑西瓜你不是最拿手的吗?"伙伴们七嘴八舌地催促着。我扫视了一遍,锁定一个花纹清晰、瓜蒂凹进去的西瓜。我捧起瓜拍了拍,只听"嘣嘣"几声脆响,左手还微微震动。"嘿嘿,就是它了!"我暗喜,把瓜放在桌上。"这瓜有啥不同?"小红追着我问。"你瞎选的吧?"一旁的小刚也起哄。我不申辩,拿起水果刀轻轻一碰,瓜皮"嘭"的一声就炸开了,露出鲜红的瓤。"好瓜!"小红竖起大拇指。"行啊,你小子挺会挑的嘛。"小刚拍拍我的肩膀。我摸了摸头皮,笑了。

把自己的动作、语言、心理活动方面的表现写具体。

自己与旁人的表现交替着写。

229

（三）全文习作

1.根据所列的习作提纲，完成整篇习作。

2.写完后，在小组中与同伴交换习作，互相评一评，改一改。

《我的拿手好戏》习作检查清单 2

	检查标准	自评	同伴评
基础级	能根据习作提纲，有条理地写清楚	☆☆☆☆☆	☆☆☆☆☆
	能把有关拿手好戏的故事写具体	☆☆☆☆☆	☆☆☆☆☆
	能把语句写通顺	☆☆☆☆☆	☆☆☆☆☆
挑战级	能把自己内心的情感体验写出来	☆☆☆☆☆	☆☆☆☆☆

（四）补学建议

可以写同类题《我是达人》或《班里的达人》，通过具体事例写出"达人"某一方面的特长。

三、优秀习作

我的拿手好戏	
每个人都有自己的拿手好戏，我也不例外。我的拿手好戏就是下围棋。 　　要说我是怎么接触围棋的呢？还得从我读小学一年级说起。记得那时，我们班上有一个老师给我们上了围棋体验课。课堂上，老师生动的讲解让我对围棋产生了浓厚的兴趣。 　　记得课堂上第一次下围棋时，我心中忐忑不安，小心脏像打着小鼓一般。对手的棋子落了下来，我的心也跟着落了下来。很奇怪，当我开始能和朋友对阵的时候一点儿也不紧张，他一子下去，我紧跟上去。在我的"黑子围攻"下，他败下阵来。一局结束了，我还意犹未尽。自此，我对下围棋信心满满。 　　本以为我会一鼓作气，连连胜利，但没想到有一回，我跟一位读三年级的同学下围棋，我才下了三手，就被他团	写清楚拿手好戏下围棋是如何练成的。 　　下围棋中遇到的困难，以及克服的过程是习作的重点，要充分展开来写。

团围困，杀得我措手不及，连连败下阵来。始料不及的一幕，让我像泄了气的皮球。"怎么会这样？我不是常胜将军吗？"我内心十分迷茫，心乱极了。

好几天，我都走不出那种悲伤的情绪，陷在里面不能自拔。"这样下去，是没有用的。只有跨过那道坎去。"我静静整理心情，主动去请教老师。老师语重心长地对我说："不要太在意输赢，多提高自己的下棋技术，才是正途。"老师的一番话，点醒了我。我开始把目光放在提高自己下棋的水平上来，刻苦钻研，我一步一步学到了七级。

有一次，我参加围棋比赛时，又遇到了那位对手，多年前的那场比赛又浮现在我的眼前。我对自己说，"逃避是没有用的，勇往直前才是该有的样子。"我平复自己的心情，全神贯注地下好每一颗棋子。下着下着，我不再把对方当对手，而是共同进步的朋友，我从他的战术中吸取经验，不骄不躁。终于，我战胜了对手。对手竖起大拇指对我说："你的棋术进步真大啊！"我说："其实，你也在进步！"我们由此成了好朋友。

这就是我的拿手好戏，它不仅丰富了我的课余生活，也让我不断地成长。

通过动作、语言、心理活动等描写，把重点部分写具体。

☆六年级上册第八单元习作

有你，真好

一、学习目标

1.选择一个人，表达自己对这个人的情感。

2.通过对印象深刻场景的描述，把事情写具体。

二、补学过程

(一)选材练习

1.审题:《有你，真好》,可以写人、写事、写场景。

2.根据教材中的 4 点提示,完成对习作素材的梳理。

◇看到"有你，真好"这句话，你想到了谁?

◇为什么觉得有他"真好"?

◇哪件事或哪几件事让你感触比较深?

◇当时的场景是怎样的?

题目	人物	印象深刻的事情	当时的场景
有你,真好	闰土	闰土给我讲新鲜事	闰土依次介绍了雪地捕鸟、海边拾贝、看瓜刺猹和看跳鱼儿等新鲜事,其中雪地捕鸟和看瓜刺猹介绍得尤为详细

(二)重点练习

1.模仿《少年闰土》中的片段,练习将所选事情中的场景写具体。

◇具体的环境和动作描写:深蓝的天空中挂着一轮金黄的圆月,下面是海边的沙地,都种着一望无际的碧绿的西瓜,其间有一个十一二岁的少年,项带银圈,手捏一柄钢叉,向一匹猹尽力的刺去,那猹却将身一扭,反从他的胯下逃走了。

◇具体的语言描写:"有胡叉呢。走到了,看见猹了,你便刺。这畜生很伶俐,倒向你奔来,反从胯下窜了。他的皮毛是油一般的滑……"

2.写好后,与同学交换习作,互相评一评,改一改。

《有你,真好》习作检查清单 1

检查标准	自评	同伴评
能抓住人物的语言、动作、神态、心理活动等方面,将典型事例中印象深刻的场景写具体	☺☺☺	☺☺☺

(三)全文习作

1.根据所列的习作提纲,完成整篇习作。

2.写完后,在小组中与同伴交换习作,互相评一评,改一改。

《有你,真好》习作检查清单 2

检查标准	自评	同伴评
能通过这篇习作,写出这个人的"好"	☺☺☺	☺☺☺
能选择典型事例来体现这个人的"好"	☺☺☺	☺☺☺

检查标准	自评	同伴评
能抓住人物的语言、动作、神态、心理活动等方面,将典型事例中印象深刻的场景写具体	☺☺☺	☺☺☺
能在习作中表达自己的真情实感	☺☺☺	☺☺☺

(四)补学建议

可以迁移写《××,留在记忆深处》《××,真棒》《你是我的××》等,来写一个人,通过对印象深刻场景的描述,把事情写具体。

三、优秀习作

有你,真好 　　有诗云:"谁言寸草心,报得三春晖。"母爱是什么? 我觉得母爱是一座山,坚韧不拔;母爱是一把伞,为我遮风挡雨;母爱也是一个港湾,给我无尽的温暖和保护。妈妈,有您,真好! 　　　　一、生病时的焦急 　　妈妈,您记得吗? 在我读二年级时,一天晚饭后,我脸上突然长出了一片片红彤彤的斑点,越长越多,我的脸一阵阵发热,其痒难耐。我忍不住用手去抓,您立刻制止了我。我难受地哭了。您看到我痛苦的样子,焦急万分,恨不得生病的是您自己。 　　您立刻送我去医院,因为太急了,您在下楼时不慎扭到了脚。可是您不顾自己的疼痛,继续往屋外赶。深更半夜的,路上哪有车打啊,您在路上等了一会儿,听到我难受的哭声,您对我说:"我们走路去!"说完,您立刻背着我往医院跑去,从我们家走到医院至少需要二十分钟,可是您那次只用了十分钟就到了。一路上,寒风呼啸,我伏在您的背上,感受到您粗重的喘气声。您走一段路,就停下来歇一口气,把我重新背好。到医院时,您满头都是汗水,气喘吁吁。我还记得您当时的表情,您听医生说我只是吃了	描写了妈妈背"我"上医院的场景。

金针菇过敏了,没什么大碍时,如释重负,紧锁的眉头才慢慢舒展开来。您轻声对我说:"不用担心,没事了。"回到家后,您贴心地给我盖上棉被,生怕我冻着,可是,当我摸到您的手时,您的手却是冰凉的。妈妈,您总是在我生病时细心地照料我,给我无微不至的关心,有您,真好!

二、第一次参加义工活动

妈妈,还记得一年级的那一次吗?您为了让我更好地融入社会,带着我来到了市中心参加献血宣传活动。

您让我一手举着用于宣传献血的牌子,另外一只手拿着一摞宣传献血的宣传单。您引导我看见有路人的时候,就要勇敢地走上前去,有礼貌地给路人发宣传单,并且给路人介绍献血的好处。您还叫我不要害怕,一定要直面恐惧,一定要加油哦!那时,您还叮嘱我:"儿子,你在给路人递宣传单的时候,一定要用双手递过去哦,单手递过去是一种不礼貌的行为哦!还有向路人宣传的时候一定要用文明用语,比如说'您好''谢谢''不客气'等。"那时您就在我心里埋下了爱的种子。后来我慢慢长大,在寒暑假,您都会带我参加义工活动,如清洁河道、维护公园卫生、进行垃圾分类等。我在一次次活动中,增强了技能,增长了见识。我现在已经是一名正式义工了,我的义工服务时长有52小时了,我希望这个数字一直增加,帮助更多有需要的人。妈妈,是您让我感受到了帮助别人的愉悦。妈妈,有您,真好!

描写了妈妈带"我"做义工时的场景。

三、竞选好少年

妈妈,我读五年级时的那一次竞选好少年的活动,在我成长的历程中,意义非凡。您将知我参加竞选时,要有才艺展示。为了让我学会快板,您特地先跟着视频里的演员自学,等您学会了,再手把手地教我如何使用快板。临近竞选还有四天时间时,您既要帮忙改稿子、找相片、做加油卡,又要陪伴我练习。您为了让我演讲时自信点、大方点,带我到人山人海的公园排练。刚开始练时,我有点胆怯,声音好小。您鼓励我:"只要大胆地练,大声地说,就没

描写了妈妈辅导"我"参加好少年竞选的场景。

什么好怕的。"您还帮我一次又一次地拍视频,让我看看自己哪里要改正。表演前那天,您下班很晚,看了我的作业后,您还要给我反复地指导,每一个字该怎么吐音,过关了,您才放心。竞选当天,同学们拿着您亲手做的加油卡,为我加油、喝彩。望着那加油卡,我顿时信心满满。我在台上发挥我最大的力量演讲、打快板,最后,我当选了好少年。妈妈,谢谢您默默地付出,有您,真好!

　　"慈母手中线,游子身上衣。"母爱是甜的,母爱是温暖的,母爱更是无私的。妈妈,在您的陪伴下成长,我觉得自己是最幸福的小孩。

　　三个场景中,都融入了妈妈对"我"的爱,以及"我"对妈妈的感激之情。

☆六年级下册第一单元习作

家乡的风俗

一、学习目标

1.能介绍一种风俗或写自己参加一次风俗活动的经历。
2.能根据表达的需要,抓住重点来写。

二、补学过程

(一)构思练习

1.除了教材中介绍的与传统节日有关的风俗外,你还知道自己的家乡有哪些特别的风俗习惯?

2.可以介绍一种风俗,也可以写一写自己参加一次风俗活动的经历。

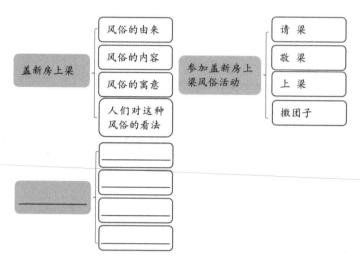

（二）全文习作

1.根据所列的习作提纲，完成整篇习作。

2.写完后，在小组中与同伴交换习作，互相评一评，改一改。

《家乡的风俗》习作检查清单

"介绍一种风俗"的习作		
检查标准	自评	同伴评
能写出风俗的主要特点	☆☆☆☆☆	☆☆☆☆☆
能分几个方面来介绍风俗	☆☆☆☆☆	☆☆☆☆☆
能抓住重点方面来具体写	☆☆☆☆☆	☆☆☆☆☆
"写参加风俗活动"的习作		
检查标准	自评	同伴评
能按顺序描写参加风俗活动的经过	☆☆☆☆☆	☆☆☆☆☆
能重点描写活动现场的情况和自身感受	☆☆☆☆☆	☆☆☆☆☆
能在描写活动时穿插介绍这种风俗的特点或来历	☆☆☆☆☆	☆☆☆☆☆

3.对照优秀片段，进行修改。

【介绍盖新房上梁风俗】

据县志记载，我们当地上梁开始，瓦匠和木匠二人面南各居左右，再相对作个揖，边上梯子边唱："今日天晴来上梁，主东修得好华堂。华堂修在龙口上，大家齐心来上梁……"歌词中饱含着人们对美好生活的向往。

点评：借助查阅到的资料，融入自己的看法。

【参加盖新房上梁活动】

我们看到木匠、瓦匠各放下一根用红布做成的"龙绳"，系好栋梁后，木匠、瓦匠从两端同时向上拉，一边拉，一边喝彩："金梁系在半空中，摇摇摆摆成金龙。我问金龙哪里去，一心要登紫微宫……"这时，我听到东家开始放鞭炮了，他们将早已准备好的花生、糖果、米糕撒向人群，众人便上前争抢。争抢并不是真抢，而是增添喜庆的氛围。你会不由自主地跟着欢庆的人群激动起来。

点评：能将现场的情况和自身的感受写具体。

（三）补学建议

可以写同类的习作《舌尖上的家乡》，选择自己熟悉的、最有特色的家乡美食来写，写的时候可以从美食的材料准备、制作过程、色、香、味等方面展开来写，还可以写一写跟美食有关的故事。材料安排要做到详略得当。

三、优秀习作

贴春联

贴春联，是我们家乡的一种习俗。春联，又叫"春贴"，是过春节的重要标志，表达了中华儿女对辟邪除灾、迎祥纳福的美好愿望。

> 总的点明了贴春联这个习俗的意义。

在我的家乡，贴春联是很有讲究的。诗人王安石在《元日》里写道："千门万户曈曈日，总把新桃换旧符。"每当春节将进的时候，家家户户都在大门两边贴上崭新的春联，红底黑字，稳重而鲜艳。通常要一家人全都在家了才贴，意思是"不能把家人贴在门外"。所以，赶集上店的、外出打工的，必须在除夕这天天黑前赶回家。团圆，是春节永远的主题。

> 写了贴春联的形式。

> 描写了贴春联的时间。

按照我们当地贴春联的风俗，贴春联的时间也是有差

异的。有的是除夕那天贴，也有"二十八，贴花花""二十九，贴倒酉"的说法。随着时代的发展，人们大多还是照个人的时间来安排贴春联的时间。 　　至于春联的内容，以现在的眼光来看，许多真的是很"俗"的，但在这种"俗"里，体现的正是"人民群众对美好生活的向往"。比如：蜡烛台两边要贴"大吉大利"；箱子、柜子上要贴"满箱衣裳"；锅台、墙壁上要贴灶王爷、灶王奶奶像，两边配上"上天言好事，下界保平安"的小对子，再来一个横批"一家之主"；水缸上要贴"水泉四海"；石磨上要贴"下面如雪"；院内外树干上要贴"满院春光""抬头见喜"或"春光明媚"等；猪圈、羊圈、牛棚上要贴"六畜兴旺"等；架车和自行车上则贴"日行千里"；八仙桌腿上贴"座上客常满，杯中酒不空"。 　　"春回大地百花争艳，日暖神州万物生辉"，让我们在贴春联中寄托对新年的美好祈愿吧！	描写了春联的内容和寓意。其中也表达了作者对贴春联这一习俗的看法。

☆六年级下册第二单元习作

写作品梗概

一、学习目标

1.能选择自己读过的一本书,写作品梗概。

2.能与同学分享自己写的梗概,并根据反馈进行修改。

二、补学过程

(一)分项练习

我们可以这样来写书的梗概:

1."读懂内容,把握脉络":理清书籍内容的基本框架,把握要点。

◇这本书的主人公是谁?

◇这本书围绕这个人物主要写了哪几件事?

◇哪些章节写了这几件事?

◇这些事情的起因、经过和结果是什么?

2."筛选概括,合并成段":保留"主干",去除"枝叶",用简明的叙述性语言概括每个章节的内容。

书名《鲁滨逊漂流记》

目录	梗概
第一章　荒岛生活 　第一节　搬运 　第二节　安家 　第三节　振作 　第四节　日记 　第五节　求生 　………	等到潮水退了,鲁滨逊看到那大船竟然还浮在海面上,离岸并不远。他就找了一些木头做成木筏,划到船边。在船舱里,鲁滨逊找到很多可以用、可以吃的东西,陆续搬到岸上。没有淹死的一条狗、两只猫陪着他,这使他在凄凉中感到一丝安慰。 　　鲁滨逊走遍荒岛,在山坡上选择了一块有水源、可以防御野兽的地方,用木头和船帆搭起一座简陋的帐篷。那儿可以看到海面,他希望瞧见过往的船只,以便请求救援。 　　鲁滨逊在岛上定居下来,过着寂寞的生活。船上搬下来的食物越来越少,要想活下去,就得想办法。

书名《　　　　　　　　》

目录	梗概

　　△梗概是用简明的语言概括故事的情节,只保留主要人物所做的与故事情节发展相关的事情即可,删除与书籍主要情节关系不大的内容。

　　3.“锤炼语言,表达连贯”:适当补充内容,自然过渡,使语意清楚连贯。

◇可以使用关联词。
◇可以适当加入使前后情节衔接的语句。
◇可以使用表示时间推移的词语。

(二)全文习作

1.选择自己最近读的一本书写梗概。

2.写完后,在小组中与同伴交换习作,互相评一评,改一改。

"作品梗概"习作检查清单

检查标准	自评			同伴评		
能抓住书中的主要情节	○A　○B　○C　○D			○A　○B　○C　○D		
写作的顺序能与作品保持一致	○A　○B　○C　○D			○A　○B　○C　○D		
梗概中不出现细节描写	○A　○B　○C　○D			○A　○B　○C　○D		
语言能做到简明、连贯	○A　○B　○C　○D			○A　○B　○C　○D		
无错别字	○A　○B　○C　○D			○A　○B　○C　○D		
互评修改建议						

(三)补学建议

可以选择自己感兴趣的一部电影,写写电影的梗概。

三、优秀习作

《水浒传》梗概	
宋朝统治者腐朽凶残,太尉高俅原本是个无赖,因为会踢球,得到皇帝的赏识,从此青云直上,无恶不作。他的干儿子高衙内横行霸道,为了霸占八十万禁军教头林冲的漂亮妻子,诬蔑林冲带刀进入军机重地白虎堂图谋不轨,把林冲发配充军,还想在野猪林把他杀死,幸亏花和尚鲁智深仗义相救。 　　蔡太师过生日,他的女婿搜刮十万贯金银财宝,送往京城庆贺,派杨志护送。晁盖、吴用、阮氏三兄弟等人设计智取生辰纲,事后与朝廷激战,最终大伙儿一块投奔梁山。又有打虎英雄武松因为西门庆勾搭大嫂潘金莲害死大哥武大郎,因而将他们杀死,被判充军,最终经历诸多波折,也被逼上梁山。此外还有宋江、鲁智深等众多好汉,共108人,最终都出于种种原因而被迫在梁山落草为寇,揭竿起义。 　　书中通过对一个个精彩故事的描写,生动形象地塑造了108位好汉的形象。他们从聚义梁山泊,到接受朝廷招安,再到大破辽兵,最后剿灭叛党,却遭奸臣谋害的经历,揭露了封建社会的黑暗,歌颂了起义军英勇的反抗精神和梁山好汉行侠仗义的人格魅力。	理清《水浒传》的基本框架,把握要点。 　　重点把握住林冲风雪山神庙、吴用智取牛辰纲、武松怒杀西门庆等主要情节。 　　揭示《水浒传》这本书的主题。

☆六年级下册第三单元习作

让真情自然流露

一、学习目标

1.能选择合适的内容，把内容写具体。
2.能真实自然地表达自己的情感。

二、补学过程

(一)选材练习

从教材中的 14 种感受中，选择一种感受，先回顾事情的经过，回忆当时的心情，然后把提纲列出来。

感受	事情的经过	当时的心情变化
感动	我得流感请假 2 个星期，同桌把课堂笔记全都帮我整理好了，还亲自送到我家。	难过→惊喜→感动

(二)重点练习

1.模仿课文《那个星期天》中具体描述"我"内心独白的写法，来写所选事情中自己当时的心情。

起床,刷牙,吃饭,那是个春天的早晨,阳光明媚。走吗? 等一会儿,等一会儿再走。我跑出去,站在街门口,等一会儿就等一会儿。我藏在大门后,藏了很久。我知道不会是那么简单的一会儿,我得不出声地多藏一会儿。母亲出来了,可我忘了吓唬她,她手里怎么提着菜篮? 您说了去! 等等,买完菜,买完菜就去。买完菜马上就去吗? 嗯。

2.写好后,与同学交换习作片段,评一评,改一改。

《让真情自然流露》习作检查清单 1

检查标准	自评	同伴评
能通过内心独白的方式,描写当时自己的心情	☆☆☆☆☆	☆☆☆☆☆

(三)全文习作

1.按照事先列的习作提纲,完成全文习作。

2.写完后,和同桌交换读,互相评一评,改一改。

《让真情自然流露》习作检查清单 2

检查标准	自评				同伴评			
能围绕所选的一个词语来写感受	○A	○B	○C	○D	○A	○B	○C	○D
能选择合适的内容来表现这种感受	○A	○B	○C	○D	○A	○B	○C	○D
能清楚地写出情感的变化	○A	○B	○C	○D	○A	○B	○C	○D
互评修改建议								

(四)补学建议

补充练习同类习作《真没想到……》,选择合适的内容,表达真情实感。

三、优秀习作

欣慰	
雨，下得那么突然，那么猛烈，打在这紧锁的窗户上，瞬间流了下来，我的心也跟着一起滑落。	
"为什么会这样？难道我还不够优秀吗？"一向自信的我在这次书法比赛中，没有拿到任何奖项。我练习书法已经有五个年头了，付出了那么多的时间和精力，居然落了一场空。老师和爸爸妈妈失望的叹息声在我耳边不断回响。窗外的雨声仿佛也在述说着我的无能。我颓然地坐在窗前，回想着听到成绩时的情景，那一刻，眼泪止不住地流了下来。	习作中，主人公的心情是变化的：颓然→惊喜→欣慰。
"孩子，你快过来看看……"一个小心翼翼的声音传来，"你种下的那株大丽菊竟然开花啦！"	
是妈妈温柔的声音。	
"是那株曾经被人丢弃，我捡回来养的大丽菊吗？"我问。	
"是呀，你不是一直盼望它开花吗？"妈妈微笑着说，"它真的开花了。快去看看吧！"	
我走出了房间，随着妈妈来到阳台上。	
大丽菊正沐浴着雨水，花瓣全展开了。它开得那么热烈，那么欣欣然。记得捡起它时，它只有三片叶子，有一片大叶子还是折掉的呢。如今，不仅长出了新叶，还生机勃勃地开出了花。太让人意外和惊喜啦！	事情的经过部分是妈妈的开导，在这里作者着重笔墨来写。
"看到花朵的顽强了吧？"妈妈指着大丽菊说，"只要自己不放弃，谁也无法阻挡你的绽放。"妈妈的话字字句句落进我的心里。	
"妈妈，我懂了。谢谢您！"我对她说，"我会把书法继续坚持下去的。"	
妈妈听了我的话，说："我感到很欣慰。你一定行的。"	
雨还在不停地下着，雨中的大丽菊美得令人心动。我心中的郁闷也渐渐消散了。妈妈的欣慰，何尝不也是我的呢？	

☆六年级下册第四单元习作

心 愿

一、学习目标

1.能选择合适的材料与方式表达自己的心愿。

2.能用修改符号自主修改习作。

二、补学过程

(一)选材练习

从教材上"我的心愿"中选择一个角度,写一写自己的心愿。

《心愿》			
角度	心愿内容	选择的材料	表达方式
对自己	努力学习,长大以后让爸爸妈妈过上更好的生活……	我坚持每天早晨背诵30个英语单词,2篇古诗文,风雨无阻	日记
对家庭	爸爸妈妈明年工作不要那么辛苦……	除夕前一晚,爸爸妈妈都还在外面打工没有回来	写信
对社会	残疾人能得到更多的关爱……	商场里,盲人因为买东西磨蹭受到服务员的责骂	诗歌

(二)重点练习

1.把"心愿"中自己的思考、想法写清楚。

1月3日　星期一　晴

我是个小个子女生,从一年级起,我就长期占据班里座位的第一排。虽然很多人夸我长得娇小可爱,但是我看着后排那些高个子女生,心里十分羡慕。因此,我有个愿望:长高。

我每天坚持跳绳3000下,今天我也不例外。跳完绳,我汗流浃背。站到身高尺前一量:几乎没有长高。我的心情一下子跌到了谷底,看着高不可攀的160厘米,我对自己说:"不要灰心,只要付出努力,心愿一定会实现的,坚持到底才能胜利!"

_____

_____

_____

_____

_____

2.写好后,与同学交换习作片段,评一评,改一改。

《心愿》习作检查清单1

检查标准	自评	同伴评
能表达清楚自己"心愿"中的思考、想法	☆☆☆☆☆	☆☆☆☆☆

(三)全文习作

1.按照事先列的习作提纲,完成整篇习作。

2.写完后,和同桌交换读,互相评一评,改一改。

《心愿》习作检查清单2

检查标准	自评	同伴评
能选择合适的材料来表达自己的心愿	☆☆☆☆☆	☆☆☆☆☆
能根据表达的内容选择一种合适的表达方法	☆☆☆☆☆	☆☆☆☆☆
能把语言写清楚、写通顺	☆☆☆☆☆	☆☆☆☆☆

(四)补学建议

可以补充练习同类习作《我的梦想》。写之前,想一想自己的梦想是什么,为什么会有这个梦想。写的时候,注意要围绕中心意思选择合适的材料和表达方式。

三、优秀习作

我的心愿

11 月 7 日　星期一　晴

今天是我的生日,点蜡烛时,全家人对我说:"许个愿吧!"在这个特殊的时刻,许下自己的心愿,表达的是对明天、对未来的希冀与憧憬。我们每个人都有自己的心愿。并且,在不同的时间段,我们还常常会有不一样的心愿。心愿一个接一个,追求的脚步也就一步接一步。

上幼儿园时,我的心愿是期望每天都有糖果吃。几乎每天放学都缠着妈妈,让她去买糖。我还幻想拥有一间"糖果屋","糖果屋"就成了当时我心底最大的心愿。

时间的齿轮不停地转动着,我那甜蜜的心愿渐渐无味了。九岁那年,我已经是一个三年级的学生了。当我从老师那里得知,有许多小朋友都没有感受过课堂的温馨与欢乐,于是我又有了心愿,这个心愿是让中国所有上不起学的小朋友都能在宽敞、明亮的教室里读书。我把自己存的压岁钱,全都捐给了希望小学。就这样,我那甜蜜的心愿被"大家都能上学"的心愿代替了。

到了今天,我不再幻想"糖果屋",而是想继续资助贫困的孩子上学,更想着:我要努力学习,自豪地踏入名牌学府的大门。因为我已经懂得了用知识改变命运,更懂得了要用自己的刻苦,换来爸爸妈妈更好的生活。

我许下这个愿望,我深信:这不是梦!

(右栏批注)

采用日记的形式,记录下自己从小到大三个不同阶段的三个心愿。

"过生日许愿"这件事情,就像一根红线,串起所有的心愿,从中表达出自己对个人、对社会的一种责任感。

☆六年级下册第五单元习作

插上科学的翅膀飞

一、学习目标

1.能展开想象,写出奇特而又令人信服的科幻故事。

2.能根据别人的建议修改习作。

二、补学过程

(一)体裁练习

1.写之前和同学交流：

◇你印象最深刻的科幻故事是什么？

◇故事里写了哪些现实中并不存在,却看起来令人信服的科学技术？

◇这些科学技术对人们的生活和命运产生了什么影响？

2.想象一下：

• 如果你的大脑可以直接从书上拷贝知识……

• 如果你拥有一个背包飞行器……

• 如果你用时光机穿越时空回到恐龙时代……

你会做些什么？

3.构思一下：

《插上科学的翅膀飞》		
神奇的科学	奇特的经历	科学技术
大脑能从书上拷贝知识	老师上课通过网络把电子书发给学生。学生从电子书上拷贝知识	图书馆里,老年人也在不断地学习,他们用升级后的大脑拷贝着书中的知识	人工智能 虚拟影像学习 全新的学习方式

（二）重点练习

1.把幻想的情节写清楚、写有趣。

【写法:设置悬念】今天正好有语文、英语、科学的背诵作业,我把书一股脑儿打开,摊放在自己的面前,大喊一声:"知识,知识,都到我的脑中来吧!"谁知,里面一片空白。怎么回事? 难道新闻中说的人类大脑能直接从书上拷贝知识是个骗局?

【写法:制造误会】"也许是我的注意力不够集中造成的。我再来一次!"我喃喃自语。可是脑子里依旧是一片空白。眼看着天越来越黑了,我竟然连一门功课的知识都还没有背好。再这样下去,要背到明天天亮了。

【写法:误会解除】"算了,还是自己背吧!"我拿起一本语文书,对着要背诵的古诗读了起来:"山下兰芽短浸溪,松间沙路净无泥……"正在这时,我突然感到脑子里一下子就记住了所有读过的古诗,这是我从来没有过的。天哪,人类的大脑真的能拷贝书上的知识,科学技术真是太神奇了。

_____

_____

_____

_____

_____

_____

2.写好后，与同学交换习作片段，评一评，改一改。

《插上科学的翅膀飞》习作检查清单 1

检查标准	自评	同伴评
能把幻想的情节写清楚、写有趣	☆☆☆☆☆	☆☆☆☆☆

（三）全文习作

1.按照事先列的习作提纲，完成整篇习作。

2.写完后，和同桌交换读，互相评一评，改一改。

《插上科学的翅膀飞》习作检查清单 2

检查标准	自评	同伴评
能大胆地想象人们奇特的经历	☆☆☆☆☆	☆☆☆☆☆
能把幻想的情节写清楚、写有趣	☆☆☆☆☆	☆☆☆☆☆
能在想象的故事中融入一些科技元素	☆☆☆☆☆	☆☆☆☆☆

（四）补学建议

可以练习同类习作《我发现_____》或者《我发明_____》，展开想象的翅膀，写出奇特而又令人信服的科幻故事。

三、优秀习作

背包飞行器

"儿子，这是我送给你的新学期礼物！"爸爸从随身的包里取出一个黑色的机器。我好奇地问："这是什么？"爸爸自豪地说："这是我们科研所最新研发的背包飞行器。"我瞪大了眼睛说："如手掌一般大的机器，能带着我飞吗？"爸爸拍着胸脯，说："当然行啦！我们已经试验过一百多次了。比你再重的物体，都能背起来。它的最大托举力可达到 200 千克。"

说完，他把黑色的机器一层层打开，原来它是可折叠的啊！我用手一拎，它真的很轻巧，大约只有 400 克。打开飞行器顶端的盖子，只见里面有一个大口袋，是用来装

幻想，是天马行空的想象。想象，来源于生活，它不是胡思乱想，要讲究合理性。

幻想故事中要融入科学知识。

文具盒和书本的,它可以当正常的书包来使用。操作它的按键就是戴在手腕上的电子手表。一按,背包飞行器就能在底部喷射出冷火焰,这种冷火焰有很大的助推力。

背上这个背包飞行器,我决定去上学了。瞬间,我的整个身体就被飞行器带到了空中。我一边飞一边想:如果用了这个飞行器,那是不是不用火箭,人就可以直接飞上外太空了? 此时,一辆飞速前进的汽车,从我的身边一闪而过,我连忙躲闪。背包飞行器转眼间把我带入更高处,我惊险地躲过了一劫。我看看电子手表,上面显示飞行的速度是每小时 1000 千米,我忙调低到 900 千米。

这时,电子手表发出了声音,给我发了一条短信:"就要迟到了,是否启用半空飞行模式?"

我连忙说:"是的。"

眨眼间,我就已经在半空中飞行了,不久之后,学校的大门也看到了。同时,我看到远处隐隐约约也有同学乘坐着背包飞行器来上学了。

到了学校,背包飞行器自动降落。我走向教室,边走边想:科技,真是太神奇了,它正改变着我们的生活,给我们的生活带来极大的方便。

科学技术对生活的影响用具体的故事情节来展现。

故事叙述中可以设置一些矛盾冲突,来增加故事的可读性。

习作锦囊与进阶式检查清单的融合

第 5 章

向"写具体"进军

每当看到自己写的作文后面，写着老师的批语——"内容不具体"，你是不是很失望？自己明明很用心写了呀，怎么还是"内容不具体"呢？究竟怎样才能把作文写得具体详细呢？

◎ 习作大看台

我有个好爸爸

我的爸爸长得高高瘦瘦的，脾气很好，他的嘴边有很多胡子，头发反倒很稀少。爸爸的职业是书店经理。

爸爸有一双万能的手，有时候厨房的水龙头坏了，他用手随便扭一扭就好了。如果我脚踏车的坐垫坏了，爸爸只要用修车的工具稍微弄一下，立刻就好了。

爸爸的手还会煮饭呢，每次妈妈去上班的时候，他就炒出香喷喷的蛋炒饭给我们吃。

爸爸喜欢抽烟。早上他起床后就到客厅里，看着报纸，跷着脚，抽起了烟。爸爸每次出门的时候，到了半路就会买包烟来抽。希望他赶快戒烟，因为抽烟对身体有害。

"爸爸，这道题好难啊！"我大喊着。"好，我马上来！"爸爸还是个万能博士呢。数学、天文、地理、英文……可以说他样样精通。同时我心理上有什么问题，他都会和蔼地和我一起解决。记得那次，我在语文考试中，退步了。我攥着考卷，心想：这次考砸了，爸爸看到分数一定会很失望，他一定会批评我的。我胆战心惊地把试卷给他看。爸爸盯着试卷上的错题，看了很久很久，他对我说："没有关系，不要灰心，这次退步了，下次继续努力啊！"我听了爸爸的话，心里燃起了继续奋斗的火焰。

我有一个好爸爸，我也要做个好孩子。爸爸爱我，我也爱他。

◎锦囊悄悄看

我们该想什么办法把文章写具体呢?

一、添枝加叶写具体

所谓"添枝加叶",就是在单一描写一种事物的基础上,添加上修饰的成分,有点像语文课上玩的扩句游戏和补写游戏。

这种添枝加叶的方法要求抓住文章所要描写的主要内容,在不偏离主旨、不生硬拼凑的基础上进行"添枝加叶"——扩写或补写。

在《我有一个好爸爸》中,描写爸爸的外貌,就采用了扩写的方法,如"我的爸爸长得高高瘦瘦的,脾气很好,他的嘴边有很多胡子,头发反倒很稀少",抓住了人物肖像中的特征,把外貌中的个子、胡子、头发写具体了,从而使读者如见其人。

在描写爸爸的"好"中,小作者又补写了爸爸爱抽烟这个特点。表面看,似乎与"好"没有多大关系,但是"希望爸爸赶快戒烟,因为抽烟对身体有害"这样的补写,充满了对爸爸浓浓的爱,呼应了主题。

二、举例子写具体

要反映一种现象,说明一个道理,体现一个中心,突出人物的一个特点,需要举一些实际的例子来具体叙述说明。

《我有一个好爸爸》一文中,就采用了两种举例子的方法。一种是简单例子的罗列。如在写爸爸有一双万能的手时,就举了爸爸修理厨房的水龙头和"我"的脚踏车坐垫的例子,这两个例子都很简单,都只用一句话来说明,但就是这样简单的例子,却能让人一目了然地了解爸爸那双万能的手。

另一种是举生动具体的例子。作者为了说明爸爸对自己的关心,就举了一个详细的例子来阐述,即爸爸在学习上辅导"我"。在这个例子中,作者重点运用了语言描写,用爸爸讲述的话语把事情写具体,从而突出了爸爸的好和他对"我"的爱。

三、抓特点写具体

"抓特点,写具体",也许是一个老生常谈的话题了,几乎每位语文老师在指导学生写作时都会说到。可是要做到这一点,并非易事。

在写人、写物时，不管是人、物处于静态还是动态之中，都要把握关键，抓住特点，犹如雕刻朱文印那样进行深入细致的具体描写。

《我有一个好爸爸》一文中关于爸爸的语言描写，就是抓住爸爸的特点来描写的。在小作者眼中，爸爸说话时，是那样的"和蔼可亲"，于是他在描写时，就精心地刻画爸爸的语言："好，我马上来！""没有关系，不要灰心，这次退步了，下次继续努力啊！"字里行间，抓住了爸爸语言上的特征，活脱脱地勾勒出一个爱孩子的父亲形象。

四、加心理活动写具体

心理活动，就是心里的想法。在写作中，很多学生对于人物的语言、动作描写可能得心应手，而对于人物的心理活动描写往往会忽略。殊不知，心理活动的描写也是把文章写具体的重要方法。

例如小作者在描写爸爸处理"我"的心理问题时，就很好地穿插描写了"我"的心理活动"这次考砸了，爸爸看到分数一定会很失望，他一定会批评我的"，这里的心理活动描写是以真实的事例引发出来的。合情合理的心理活动描写，不仅可以充实文章的内容，而且还能真切地流露人物的思想感情，使文章更生动。

以上说的四点方法，大家不妨在自己的作文中用一用，这样老师的评语，可能就会变成"祝贺你作文越写越具体了"。

◎ 习作同步练

题目：《我有个＿＿＿＿＿＿》

提示：下面我们运用写具体的方法，来写写自己的家人、老师或同学，写好后，可以和同伴交换，评一评，改一改。

《我有个＿＿＿＿＿》习作检查清单

检查标准	自评	同伴评
能添枝加叶写具体	☆☆☆☆☆	☆☆☆☆☆
能举例子写具体	☆☆☆☆☆	☆☆☆☆☆
能抓特点写具体	☆☆☆☆☆	☆☆☆☆☆
能加心理活动写具体	☆☆☆☆☆	☆☆☆☆☆

将作文变成电影桥段

　　你有没有这样一种感觉：写作文时，常常有了很好的素材，却不知道该用怎样一种形式去包装自己的作文？用平常的写法吧，怕浪费了自己搜集到的好素材；想尝试用新的写作手法吧，又不晓得用什么新的写作手法。内心充满了矛盾。这次，我们就来解决这个写作手法上的问题——采用电影的手法，给作文来一次变脸。

◎ 习作大看台

瞧！这些男孩女孩……

　　我们班的女生很斯文，我们班的男生却很调皮。女孩们经常说："我们班的男生啊，在调皮捣蛋方面可以算是全校第一；但在聪明机灵方面，也是全校第一！"

　　镜头一：

　　这些男孩啊，玩是第一，第二才是学习。

　　有一次体育课上，徐老师说："今天，我们本来安排的是打篮球，因为下雨，所以我们不打篮球了，改成下棋。"

　　男孩们立刻大声地说："老天爷呀，好好的一节体育课，为什么偏偏要下雨呀？"

　　"天灵灵，地灵灵，给我一客冰激凌，马上雨停！停！停！"

　　"求求你，别下雨了。给我们十分钟，过过瘾也好呀！"

　　"没意思！天不听我的……"

　　"好了，好了！不要闹了，下次我们再打篮球吧。"徐老师忍住笑，批评这些丧气的男孩。

　　而女孩们，却在一旁偷偷地笑弯了腰。

镜头二：

几乎每天，都会听到哪个男生又和哪个男生吵架了，哪几个男生又被任课老师留下了，哪些男生又欺负女生了。你瞧，这不，他们调皮的毛病又犯了。

课堂上，老师出了一道难题，男孩们像一只只猴子，高举着手，蹿上蹿下，嘴里"嗯啊"有声，抢着要发言。女孩们则正襟危坐，像一棵棵小松树似的，胆怯着不敢举手，眼睁睁地看着男孩们"大出风头"。

有一次，老师叫同学们当一次推销员，大多数同学用普通话来讲。可有一位男孩别出心裁，他用上海话来讲。说到一半的时候，他又做起动作，手舞足蹈。这还不够，有的地方，他还忍不住要一展他美妙的歌喉呢！惹得大家前俯后仰地笑个不停。

镜头三：

一次考试，好多女孩考了红艳艳的一百分，心里甭提有多高兴，而男孩们个个低下了头，像谢了的花朵，看着试卷发呆。

放学回家，女孩们嫌路太长，恨不得马上飞回去报告喜讯。

男孩们却嫌路太短，他们千方百计在路上磨蹭，想多逗留一会儿。唉，回到家，等待自己的又是什么呢？都怪自己当初……

我们班的男孩虽然非常调皮，却十分可爱、聪明。愿男孩们更加懂事，也祝愿我们班的女孩们更加乖巧、活泼。

◎锦囊悄悄看

我们这次写作练习，将聚焦写作中如何运用电影的手法。电影艺术与文学艺术历来都是相通的，都是一种载体，承载了情和意的信息。当我们试着把电影艺术中的手法，运用到写作中去的时候，写作会焕发出活力。

一、将素材用电影镜头转移的方式呈现

我们看电影时，会发现电影都是由一个个镜头组成的。一个个小镜头，拼接起来就成了一幅幅完美的画面。这种方式，很值得我们学习，我们可以把自己搜集到的素材，看成一个个电影镜头。用电影镜头转移的方式，把生活中发生的几个片段，拼接成一篇作文。

例如：我们以班级中男生、女生发生的故事为蓝本，搜集到"自己班的男生玩是第一，第二才是学习。有一回，体育课上，因为下雨，原本的打篮球改成了下

棋,男生们非常失望,纷纷求雨停"这个片段,将它作为电影镜头一。我们再去搜集"我们班的男生很聪明,但又像猴子一样调皮。老师出的难题,他们总是上蹿下跳,争着发言"这个片段,将它作为电影镜头二。最后,我们搜集到了"我们班的男生在学习中表现出惊人的创造力。老师让同学们当推销员,有男生竟然用上海话来讲,且手舞足蹈"这个片段,将它作为电影镜头三。有了这三个素材,就完成了电影中的三个镜头,你就可以拼接成一篇关于我们班男生、女生的作文,在写作手法上呈现出新颖、独特的意味。

但要注意的是,在写作的过程中,你所写的"电影镜头"不宜过多,一般来说三个左右就行了。太少,不能表现出班级里男生性格上的特点;太多,又显得杂乱、多余。

二、将素材用电影蒙太奇手法巧妙处理

影视拍摄中有一种表现手法叫蒙太奇手法,即用许多镜头适当打破时空界限,将故事剪辑组合在一起,以使上下贯通,富有节奏。

蒙太奇手法,可以按"全景—近景—特写"的顺序组接镜头。例如,在前面我们说到的镜头二中,我们就可以这样来处理素材,进行重点描述:

全景——几乎每天,都会听到哪个男生又和哪个男生吵架了,哪几个男生又被任课老师留下了,哪些男生又欺负女生了。你瞧,这不,他们调皮的毛病又犯了。

近景——课堂上,老师出了一道难题,男孩们像一只只猴子,高举着手,蹿上蹿下,嘴里"嗯啊"有声,抢着要发言。女孩们则正襟危坐,像一棵棵小松树似的,胆怯着不敢举手,眼睁睁地看着男孩们"大出风头"。

特写——有一次,老师叫同学们当一次推销员,大多数同学用普通话来讲。可有一位男孩别出心裁,他用上海话来讲。说到一半的时候,他又做起动作,手舞足蹈。这还不够,有的地方,他还忍不住要一展他美妙的歌喉呢!惹得大家前俯后仰地笑个不停。

假如你感兴趣,还可以描写"旁白""画外音",作为蒙太奇手法的补充,能让作文增色不少。

三、将素材用电影细节描写进行打磨

我们看一部电影时,往往会被电影中的细节所打动。最近很流行的动画电影《疯狂动物城》里就有这样一个细节,它征服了很多观众的心:闪电树懒讲话非

常非常慢，一句原本 3 秒钟就能说完的话，他要花 15 秒才能慢悠悠地说完。因为运用了细节拍摄，树懒留给观众的印象就非常深刻。

同样，在写作中细节描写是否成功，决定着作文能不能给读者留下深刻的印象。细节描写，就是对表现对象的细微部分进行细腻的描写。在电影中细节主要表现在以下几个方面：语言细节、动作细节、景物细节、神态细节等。在我们的作文中，也可以运用。例如，我们之前说到的镜头一，我们就可以用语言细节去打造——

这些男孩啊，玩是第一，第二才是学习。

有一次体育课上，徐老师说："今天，我们本来安排的是打篮球，因为下雨，所以我们不打篮球了，改成下棋。"

男孩们立刻大声地说："老天爷呀，好好的一节体育课，为什么偏偏要下雨呀？"

"天灵灵，地灵灵，给我一客冰激凌，马上雨停！停！停！"

"求求你，别下雨了。给我们十分钟，过过瘾也好呀！"

"没意思！天不听我的……"

"好了，好了！不要闹了，下次我们再打篮球吧。"徐老师忍住笑，批评这些丧气的男孩。

而女孩们，却在一旁偷偷地笑弯了腰。

通过对男生语言细节的描写，营造了一种幽默的氛围，也使作文的真实性、可信性增强了，男生的形象也变得栩栩如生。

总之，我们把电影中的元素运用到作文中，可以使作文的写作形式、写作方法，更加新颖、独特，更具质感。

◎习作同步练

题目：《瞧，这_____》

提示：运用上面谈到的电影里的手法，来写身边熟悉的人，写出人物的特点。写好后，与同伴交换习作，评一评，改一改。

《瞧，这》习作检查清单

检查标准	自评	同伴评
能将素材用电影镜头转移的方式呈现	☆☆☆☆☆	☆☆☆☆☆
能将素材用电影蒙太奇手法巧妙处理	☆☆☆☆☆	☆☆☆☆☆
能将素材用电影细节描写进行打磨	☆☆☆☆☆	☆☆☆☆☆

用洪荒之力，写好最爱的宠物

在平时的作文课上，老师会让我们写自己最爱的一种小动物。这样的作文，我们在三、四年级的时候，就开始写了。到了五、六年级再来写，是不是有点炒冷饭的感觉？有同学甚至想都不想，就把以前写的作文搬出来。可是，老师的批语却是"写得不够好"。那怎样才能写得好，写出高水平来呢？我们今天就来讲讲如何写好宠物这件事。

◎ 习作大看台

仓鼠趣事

我家的小仓鼠有着黑白相间的毛、雪白的肚皮、短短的尾巴、小小的耳朵和粉红的鼻子。它们是我的新宠物，也是我的新朋友。

我为仓鼠准备了一套两层的"小房子"，楼下有"饮水机""跑步机"，顺着一段黄色的小楼梯走，就上到二楼，二楼有个小平台和一间绿色的小屋。仓鼠进了它们的房子以后，我就开始观察它们。我发现它们好像有些"傻"，因为它们始终没有到"楼上"去，似乎打算在"楼下"睡觉。我想："它们会发现楼上的小屋吗？""会的，它们会的。"我自言自语道。

第二天一大早，我一骨碌从床上爬起来看仓鼠。我惊喜地发现仓鼠正在楼上的小屋里面睡觉呢！我在网上查找了一些关于仓鼠的资料，原来它们是夜行动物，白天睡觉，夜里活动。它们会把好吃的东西存在嘴巴里，到一个安全的地方再吃；它们还会把食物埋在木屑里，吃的时候再刨出来。早上，我给它们一"人"一颗瓜子，它们是这样吃的：先把瓜子咬开一条缝，再把里面的仁儿吃掉，动作可熟练啦！它们非常胆小，我给它们喂食的时候，只能从小窗子送进去，这样它们才吃。我真希望能快些和它们成为朋友。

几天后，它们越来越喜欢在这个家里玩了。它们很喜欢在"跑步机"上跑，专家说,那是因为它们以为这样可以跑到别的地方去。跑着跑着它们会突然停下来,因为它们要看看自己跑到哪儿了。它们还在这个家里上上下下地跑,经常在木屑里刨啊刨,觉得自己挖了一个很深很长的洞,就把吃的东西埋在里面。小仓鼠睡觉的时候非常警觉,只要稍微有一点动静,它们就会抬起头,用小鼻子往空中嗅来嗅去,似了想通过鼻子来嗅出发生了什么事。它们非常爱干净,睡醒后,就用小小的前爪洗脸。

我爱我家的仓鼠,我希望它们在这里越来越快乐!

◎锦囊悄悄看

描写动物的作文,我们一般都会描写动物的外形,这方面是我们比较擅长的。到了高学段,除了描写动物的外形之外,更要把动物的生活习性和性情方面写好,也就是把搜集到的素材运用好。下面,我们就来使出自己的洪荒之力,把描写动物的作文写出高水平来。

一、洪荒之力要做到按事物的几个方面来写

描写动物的作文,很重要的一点就是思路要清晰,让别人一看就知道写了动物的哪些要点。我们都熟悉著名作家老舍先生写的《猫》吧,它就分成了两个部分,一部分写一只大猫,另一部分写一群满月的小猫。读者读完这篇文章,很快就能梳理出要点。同样地,我们写自己的宠物,也可以按事物的几个方面来写。例如写宠物仓鼠,就可以按仓鼠的生活习性、进食、活动、性情等几方面来写。这样在表达上就显得很有条理。

二、洪荒之力要做到动静结合

对于描写动物来说,"动静结合"很好理解,就是不仅要注意动物静止时的神态和形态,还要注意动物的活动、变化以及最有特征的动作,如,对仓鼠睡觉的描写是静态的;对仓鼠吃东西时的动作描写"它们会把好吃的东西存在嘴巴里,到一个安全的地方再吃;它们还会把食物埋在木屑里,吃的时候再刨出来。早上,我给它们一'人'一颗瓜子,它们是这样吃的:先把瓜子咬开一条缝,再把里面的仁儿吃掉,动作可熟练啦!"就是动态的。

有时,还可以用动静结合的方式来描写。如把仓鼠静态的睡觉与动态的警觉交错在一起描写:"仓鼠睡觉的时候非常警觉,只要稍微有一点动静,它们就会

抬起头，用小鼻子在空中嗅来嗅去，似乎想通过鼻子来嗅出发生了什么事。"通过动静结合的描写，把所写动物最有代表性的特点描写出来了，动物的形象就生动丰满了。

三、洪荒之力要学会借物抒情

说到写宠物，就会自然而然地写到饲养宠物的事情，这在一篇文章中有举足轻重的作用。饲养宠物的内容，最关键是要写出一个"情"字来。你想啊，你饲养宠物，和动物相处时间长了，往往不知不觉间就产生了深厚的感情，这时候，动物的一举一动在你的眼中就充满了灵性，你会觉得它就是你的朋友，或者是你家庭中的一员。它的顽皮，它的忠诚，它的撒娇，它的任性……它的一切都是那么可爱，看不够，说不完。如果在作文中能倾注自己的情感，字里行间流露出你对动物的爱，那么这会是一篇非常出色的文章。

例如写仓鼠的生活习性：我为仓鼠准备了一套两层的"小房子"，楼下有"饮水机""跑步机"，顺着一段黄色的小楼梯走，就上到二楼，二楼有个小平台和一间绿色的小屋。仓鼠进了它们的房子以后，我就开始观察它们。我发现它们好像有些"傻"，因为它们始终没有到"楼上"去，似乎打算在"楼下"睡觉。我想："它们会发现楼上的小屋吗？""会的，它们会的。"我自言自语道。第二天一大早，我一骨碌从床上爬起来看仓鼠。我惊喜地发现仓鼠正在楼上的小屋里面睡觉呢！我在网上查找了一些关于仓鼠的资料，原来它们是夜行动物，白天睡觉，夜里活动。它们会把好吃的东西存在嘴巴里，到一个安全的地方再吃；它们还会把食物埋在木屑里，吃的时候再刨出来……它们非常胆小，我给它们喂食的时候，只能从小窗子送进去，这样它们才吃。我真希望能快些和它们成为朋友。

瞧，写着写着，就写出了"情"来。平凡的事情中，折射的是小作者对仓鼠的一片真情。因此，作文要打动人，你就要学会"借物抒情"。

上面讲的，是让你写的动物作文增彩的方法。方法只有在实践中，才能变成你的写作绝活，因此你不妨使出你的洪荒之力，让你的作文更上一个新的台阶。

◎习作同步练

题目：我的宠物

提示：运用上面学到的写法，来描写自己的宠物，写出喜爱之情。写好后，与同伴交换习作，评一评，改一改。

《我的宠物》习作检查清单

检查标准	能按宠物的几个方面来写	能采用动静结合的方式进行描写	会借物抒情
自评	👍👍👍	👍👍👍	👍👍👍
同伴评	👍👍👍	👍👍👍	👍👍👍
修改建议			

把描写竞赛活动的作文写得扣人心弦

在平常的作文写作中，有一类作文是写竞赛活动的。老师通常会先组织同学们实打实地进行一次比赛。比赛完了，再指导大家写作文。可是，我们往往投入地比赛，却没有关注比赛中的情节，到写作文时只能干瞪眼了。那么怎样才能写好此类作文呢？答案就是要把比赛的情节写得扣人心弦。

◎习作大看台

百花盛开万里香

今天，我们班的教室里不留一丝夏日的炎热，只弥漫着春天的"花香"——我们班"百花盛开万里香"的组词比赛就要开始了。

方老师满面春风地向我们介绍了比赛要求。"哇！要求这么高！""真难！"方老师话音刚落，教室里就像炸开了窝，说什么的都有。有几个同学一下子举起了手；有几个同学咬着笔头，像在思考；还有几个同学像在逃避，头都快钻到桌子底下去了。

先被叫上台的四名同学无可奈何地踱到黑板前，捏起"沉甸甸"的粉笔头，老师一声令下，他们赶忙写了起来。一旁观战的同学使劲喊着"加油！加油！"。第一、二轮比赛结束，三名没及格或犯规的同学被"罚"上台表演了节目。

真没想到，我赶上了比赛的"末班车"。小组同学推选我参加第三轮比赛。按要求，我们要写带"花"的四字词组。上了台，我心里像揣了只兔子似的，心怦怦直跳，紧张极了。这样可不行！我稳定了一下情绪，飞速开动脑筋，写下了"如花似玉"等九个词组。"肯定是优秀。"我得意地想。可同学们说要"罚"我。一查词典才知道，由于粗心，我将"闭月羞花"的"闭"写成了"避"，得上台表演节目。你说怪不怪，这时我却不害怕了，反而觉得比赛很有趣。比赛的主题是"春天与花"，我便朗诵了散文《春的启示》，赢得了同学们热烈的掌声。

黑板上写满了带"花"字的词语,真是百花盛开万里香啊!比赛虽然很快就结束了,但给我留下了无穷的回味。我想,我们应该好好学习,多掌握些词语,用到写作上,让写作的春花常开不败!

◎锦囊悄悄看

对于描写竞赛活动类的作文,我们要把竞赛的活动写得扣人心弦,离不开下面的妙招。

一、竞赛活动的整个过程要写清晰

描写竞赛活动的作文,老师都会向同学们提出这样的写作要求:"请真实、具体而有条理地将活动描述出来。"真实,这个要求要达到很简单,我们只要照事实写下来就能做到。具体,这个要求相对来说,就难了,它需要我们把竞赛活动的经过部分写得详细,使别人读了我们写的作文,就知道这项竞赛活动是这样举行的。有条理,这个要求并不是每位同学都能达到的。有些同学在写作中,会眉毛胡子一把抓,这个内容写写,那个内容写写,到头来别人读了文章一头雾水。我们如何避免这样的情况发生呢?我们可以借助列提纲的方法,也就是把竞赛活动的整个过程用列提纲的方法简单地罗列出来。拿例文中的组词比赛来说,我们可以拟出以下写作提纲:①在什么情况下举办"百花盛开万里香"的组词比赛活动的。②比赛有哪些规则。③参加组词比赛时,同学们的表现如何,"我"的表现又如何。④组词比赛后,"我"的感受是什么。

有了写作提纲的辅助,在写作中思路就不会乱了,就能按照事情的起因、经过、结果清晰地表述出来了,也就能达到老师先前提出的"具体而有条理"这一要求了。要知道很多大作家在创作小说时,也会很用心地先把小说中的故事发展过程用提纲的形式呈现出来。因此,这个绝活,我们要耐心地学会它。

二、竞赛的场面描写要舍得花心血

竞赛活动类作文,别人喜不喜欢读,很重要的一个问题,就是你写的竞赛活动是否扣人心弦。说到"情节的扣人心弦",我们用《三国演义》里的情节来说明。"火烧赤壁"那一段,作者施耐庵把场面写得激烈、恢宏、震撼,"整条江大火滚滚漫天,喊声仿佛震天动地。在左边,韩当和蒋钦两支军队从赤壁的西边杀了过来;在右边,周泰和陈武两军从赤壁的东边杀了过来;然而正中间的是周瑜等人带领的大队伍船队到了。火攻与士兵的突击相互配合才能发挥各自的特点，使攻击更加犀利。这正是三江的水站，赤壁中的激战。曹军这边中枪中箭，被火烧被水淹的人，多得数不过来"。你读这样的文字，是不是觉得仿佛亲历了一般？

同理，我们在写竞赛活动的时候，也要学会运用场面描写。例如组词比赛的场面描写，我们可以描写全班同学参与比赛的情况："先被叫上台的四名同学无可奈何地踱到黑板前，捏起'沉甸甸'的粉笔头，老师一声令下，他们赶忙写了起来。一旁观战的同学使劲喊着'加油！加油！'"这样的场面描写，虽然看似很简短，但是它的作用可不小，一方面可以烘托比赛的气氛，另一方面也把作文写"活"起来了，使读者的心被"牵"住了。

三、经过部分要与心理活动相互融合

写了那么多作文，我们发现作文中的经过部分非常关键。老师讲评作文时，也会用很多时间来让大家关注经过部分。竞赛活动类作文的经过部分，我们心里很明白要写得详细些。可怎么写详细呢？又怎么在详细中，把情节写得扣人心弦呢？

这里就需要我们学习一种写作上的招数，那就是在写典型事例的时候，融入自己的心理活动描写。例如在写词语比赛中，我们除了描写大部分同学参与比赛的情况，还要描写"我"参与活动的情况。这里的描写重点在"我"的心理活动上，如："上了台，我心里像揣只个兔子似的，心怦怦直跳，紧张极了。这样可不行！我稳定了一下情绪，飞速开动脑筋，写下了'如花似玉'等九个词组。'肯定是优秀。'我心里得意地想。可同学们说要'罚'我。一查词典才知道，由于粗心，我将'闭月羞花'的'闭'写成了'避'，得上台表演节目。你说怪不怪，这时我却不害怕了，反而觉得比赛很有趣。"这样写着写着，你会慢慢发现自己的作文写长了，变得详细起来了，也慢慢地走进读者的心里去了。恭喜你，你终于摸到了写这类作文的门道啦，再接再厉！

◎习作同步练

题目：《_____的比赛》

提示：运用上述方法，描写一场比赛，把比赛中最精彩的情节写具体。写好后，与同伴交换习作，评一评，改一改。

《＿＿＿＿＿的比赛》习作检查清单

检查标准	自评	同伴评
能按"比赛前—比赛中—比赛后"的顺序来写	☆☆☆☆☆	☆☆☆☆☆
能把比赛的场面写具体	☆☆☆☆☆	☆☆☆☆☆
能把"心理活动"融入比赛中来写	☆☆☆☆☆	☆☆☆☆☆

给"假如"来点萌萌的"童话味"

现在很流行写一类作文，那就是"假如……"有同学会写"假如我是校长"，有同学会写"假如明天是末日"，还有同学会写"假如有个星期八"。你会发现，大家都脑洞大开，写的作文题材五花八门，内容新颖。而你呢？怎么写也写不出新意来。遇到这种问题的同学，别苦恼。这次，我们将学一种非常实用的写作技巧，那就是给"假如"来点萌萌的"童话味"。一旦你学会了这种技巧，你的写作灵感就会源源不断地产生哦！

◎习作大看台

假如说谎真的会长长鼻子

有一次，我跟同学撒了一个小谎，结果我的鼻子居然长长了大约8厘米！我惊呆了，跟《木偶奇遇记》里的匹诺曹一样！不是吧？同学们也都看傻了。

放学后，我去商店买东西，周围的人见我长着长长的鼻子，十分惊奇。我买完东西，提着重重的袋子走着，感觉手臂很酸，于是灵机一动，将袋子挂在鼻子上。回家时，我的手根本就不用提了，真是方便极了！周围的人也来了一个360°大转变，投来羡慕的眼光。

第二天，我放学回家，一个黑衣男子从我鼻子下一溜而过，我还来不及反应，又有一个警察飞奔过来，由于警察没看见我那长长的鼻子，结果撞上了我的鼻子。警察喘着粗气说："前……前面那……那……那个是小偷……偷啊！快追！"我意识到，我的鼻子第一次犯下了严重错误，我要将功补过，我一个箭步追了上去，小偷已经跑了一段时间，所以有点累了，我跟他现在的速度不相上下，我运用我的优势——长鼻子，钩住小偷的衣服，现在小偷想跑也跑不了了！

"耶！我抓住了小偷！"我欢呼雀跃。

突然,我觉得鼻子痒痒的,一摸,咦?鼻子复原啦!

那天以后,我再也不撒谎了。

◎锦囊悄悄看

作文的题目中出现了"假如"两个字,就是告诉你要"打开想象的翅膀"去写。每个人都有想象力,但是怎样使自己的想象力与众不同呢?

一、向经典的童话借力

一拿到《假如……》的作文题目,同学们先别急着下笔。你可以在脑海中搜寻你读过的经典童话故事,从你最熟悉的经典童话故事开始,回忆故事中的主人公、主要事件、关键情节,向这些童话故事汲取写作上的灵感。例如:借鉴童话故事《绿野仙踪》,我们可以写《假如我有一个稻草人朋友》;借鉴童话故事《小红帽》,我们可以写《假如我被大灰狼吃掉了》;借鉴童话故事《美人鱼》,我们可以写《假如海底有一个美人鱼超市》……你读的童话故事越多,你从故事中借到的力量也就越大。"习作大看台"中的小作者,就是从童话故事《木偶奇遇记》里借到了力量——匹诺曹的长鼻子,长在了自己的身上。这样的故事题材就很有童趣,很能吸引人。再加上你对童话故事的熟悉度,作文写起来就能得心应手了。

二、将童话中的魔法移植到自己身上

童话中的故事总是充满了魔法。女巫会坐着扫帚飞,青蛙会变成王子,仙女会有魔法棒……魔法是驰骋的想象力。这些童话中的想象,我们可以大胆地移植到自己写的故事中,那样作文就会有童话的味道了。你瞧,作文《假如说谎真的会长长鼻子》一文,就把一说谎就长长鼻子这个魔法,运用到了"我"身上。于是,作文就变得很好玩了:"有一次,我跟同学撒了一个小谎,结果我的鼻子居然长长了大约8厘米!我惊呆了,跟《木偶奇遇记》里的匹诺曹一样!不是吧?同学们也都看傻了。"受此启发,我们可以把童话中描写魔法的故事,巧妙地与自己写的故事结合起来,如假如我家院子里有一棵通往天空的魔豆藤、假如我是三只小猪中的一只、假如我和狮子大王一起喝下午茶……只要你愿意想,你的作文中也会魔法飞扬。

三、制造一个历险的故事

我们写的作文除了"好玩"，还要"好看"。"好看"，就是我们的描写要生动，如同在读者眼前上演一部冒险影片，让读者身临其境，仿佛亲历这个惊险的故事。

1. 保留童话中众所周知的情节

我们既然向童话故事借力，那么童话故事中那些广为人知的故事情节，就可以进入我们的作文里来。《假如说谎真的会长长鼻子》一文，就保留了《木偶奇遇记》里，木偶一说谎就长长鼻子这个众所周知的情节，作者将长长鼻子的生活，添加"冒险"的元素："放学后，我去商店买东西，周围的人见我长着长长的鼻子，十分惊奇。我买完东西，提着重重的袋子走着，感觉手臂很酸，于是灵机一动，将袋子挂在鼻子上。回家时，我的手根本就不用提了，真是方便极了！周围的人也来了一个360°大转变，投来羡慕的眼光。"这样的作文，想象与现实相结合，使生活成了最有意思的童话。

2. 情节中融入紧张和刺激

很多童话，是一场历险。历险的经历，是主人公成长、蜕变的过程。因此，我们的作文在情节描写上，要善于制造紧张和刺激的情节，就仿佛电影的高潮。例如《假如说谎真的会长长鼻子》的小作者就在故事的经过部分，营造了一个紧张、刺激的情节，用自己的长鼻子，帮警察抓小偷："我一个箭步追了上去，小偷已经跑了一段时间，所以有点累了，我跟他现在的速度不相上下，我运用我的优势——长鼻子，钩住小偷的衣服，现在小偷想跑也跑不了了！"这样的故事情节，很有画面感，字字扣人心弦。举一反三，我们写《假如我把天空藏起来了》，就可以写天空被藏起来后，它坚决想逃出来。"我"把天空藏在海底，它从海底冒了出来；"我"把天空用巨大的袋子装起来，它撑破袋子溜了出来；"我"把天空拜托风儿带走，它自己回家来了……一波三折，也是营造紧张情节的一种妙法。

3. 魔法消失后，将主题进一步提升

我们在写作文的结尾时，通常都会写魔法消失后，一切恢复到原样。此时，我们要学会给作文的主题提升一下。《假如说谎真的会长长鼻子》在作文的结尾就写道："突然，我觉得鼻子痒痒的，一摸，咦？鼻子复原啦！那天以后，我再也不撒谎了。"这样的结尾，既点明了题意，又提升了主题，一石二鸟。我们不妨学着写一写，用一用，相信你的作文一定也能写得非常棒！

◎习作同步练

题目:《假如_____》

提示:请从经典童话中选择一个故事,展开想象,移植到自己身上,写一写会发生怎样的故事。运用上述写法进行大胆的描写,写好后与同伴交换习作,评一评,改一改。

《假如_____》习作检查清单

检查标准	自评	同伴评
能保留经典童话的"原身"	○A　○B　○C　○D	○A　○B　○C　○D
能将魔法移植到自己身上	○A　○B　○C　○D	○A　○B　○C　○D
能把情节写得紧张、刺激	○A　○B　○C　○D	○A　○B　○C　○D
能在结尾升华情感	○A　○B　○C　○D	○A　○B　○C　○D
修改意见		

将身边的物品拟人化

语文书中有一类作文蛮有意思的，那就是《××的自述》。通常情况下，老师会说："写这类作文，请大家展开想象的翅膀，把自己当成一件物品来写，如一张桌子、一把雨伞，或者是一双臭袜子。"听到这里，很多同学会笑，但是这却是一条很有用的"俗理"，可以把作文写得很生动哦。

◎习作大看台

垃圾桶的自述

大家好，我是一个垃圾桶。人们常常把废纸、水果皮、零食袋、鸡蛋壳等扔到我的肚子里面，我的肚子被塞得满满的。我一点埋怨都没有，因为这是我的职责，我非常高兴为大家服务。

可是，在生活中，我经常看到有一些人把垃圾随处乱扔而不愿多走那么一步，把垃圾放进我的肚子里，让我十分苦恼。记得有一天，我看见有一名喝可乐的青年，他手中的可乐快喝完了，他在离我大约一米的地方瞄准我，试着把可乐瓶投进我的肚子里。我张大了嘴巴，等待着接"飞来"的可乐瓶，心里数着："1——2——3——投！"只见，那个可乐瓶落在了我的脚下。那位青年说道："就差那么一点儿，运气真背！"我眼睁睁地看着他说完后转身就走了，那个可乐瓶在我的脚下，还往外流着没喝完的可乐。我叹气道："唉，文明就差一点啊！"后来，还是清洁工人把可乐瓶捡起来的，我真诚地对清洁工人说了声"谢谢"。

你可能不知道，清洁工人每天都要从我的肚子里清理出至少五桶垃圾，可见人们是多么浪费啊！这些垃圾大多既不节能，又不环保，更不能回收再次利用。随着垃圾的增多，我肚子里的垃圾被清理的次数也越来越多，清洁工人很是辛苦。

清洁工人对我说："如今人们越来越不愿意动了，可能以后城市都是自动化的了,到那时他们就不需要你了……"我听到这里,既高兴又难过。高兴的是时代在发展,垃圾处理的技术越来越先进。难过的是,有一天,我们会消失在地球上。其实,我很想一直为人类服务下去的啊。

不管我以后的命运会怎样,我都希望人们讲究卫生,注重环保,为地球的美丽出一份力。

◎ 锦囊悄悄看

读完了"习作大看台"中的《垃圾桶的自述》,对于写这类作文,你摸到一些门道了吗?写《××的自述》这类作文的时候,的确如你的老师所说要"将物品拟人化"。但光知道这一点还不够,还要注意以下事项。

一、将物品拟人化,用第一人称来表述

在写作《××的自述》时,首先要谨记的一点是用第一人称来写。所谓自述,就是用"我"来讲故事。《××的自述》可以写没有生命的物品,如《球鞋的自述》《鼠标的自述》《黑色蜡笔的自述》等;也可以写有生命的物品,如《仙人球的自述》《哈巴龟的自述》《苍蝇的自述》等。天地间的万事万物都可以包罗进去。无论是写哪样物品,都需要我们用第一人称来讲述物品的喜怒哀乐、爱恨情仇。例如,《钥匙的自述》就可以这么写:"我是一把钥匙,我整天被挂在主人的钥匙圈上。主人把我保管得很好,生怕我丢了。"《垃圾桶的自述》可以这么写:"大家好,我是一个垃圾桶。人们常常把废纸、水果皮、零食袋、鸡蛋壳等扔到我的肚子里面,我的肚子被塞得满满的。我一点埋怨都没有,因为这是我的职责,我非常高兴为大家服务。"用第一人称来讲故事,能第一时间拉近与读者的距离,使读者读起来感觉非常亲切。

二、将物品拟人化,让它会说、会想、会动

将物品拟人化,就是让物品拥有人的感情、动作、思维。我们可以让物品开口说话,动脑思考,动手做事,这样作文就生动起来了。我们拿《垃圾桶的自述》来说,在文章的第二自然段讲述了一个青年人扔可乐瓶子的事情,文中这样写道:"记得有一天,我看见有一名喝可乐的青年,他手中的可乐快喝完了,他在离我大约一米的地方瞄准我,试着把可乐瓶投进我的肚子里。我张大了嘴巴,等待着接'飞来'的可乐瓶,心里数着:'1——2——3——投!'只见,那个可乐瓶落在

了我的脚下。那位青年说道：'就差那么一点儿，运气真背！'我眼睁睁地看着他说完后转身就走了，那个可乐瓶在我的脚下，还往外流着没喝完的可乐。我叹气道：'唉，文明就差一点啊！'后来，还是清洁工人把可乐瓶捡起来的，我真诚地对清洁工人说了声'谢谢'。"在这段描写中，有垃圾桶的语言、动作、心理活动，这样"垃圾桶"的形象就立体了，站立起来了，文章的可读性就强了。

三、将物品拟人化，要抓住物品的特性

在写作《××的自述》时，最容易犯的错误就是写着写着就偏离了该物品的特性。有的同学写《台灯的自述》，描写台灯与主人的对话，一写起来就洋洋洒洒好多字，写完后一推敲发现台灯失去了"照明"的特性，竟变成了一个会说话的"人"了。这样就背离了《××的自述》写作的初衷——用第一人称来表达物品的特性。例如《鲸鱼的自述》就要写鲸鱼作为海洋里最大的哺乳动物的特性；《隔音玻璃的自述》就要描写隔音玻璃的隔音特性；《闹钟的自述》就要写闹钟提醒时间的特性。因此，在写作前，我们可以先去了解这种物品的特性。写作前做相关的调查，也是很重要的。

"习作大看台"中《垃圾桶的自述》就描写了垃圾桶储存垃圾的特性，作者还把这一特性与环境保护结合起来了。你看，"你可能不知道，清洁工人每天都要从我的肚子里清理出至少五桶垃圾，可见人们是多么浪费啊！这些垃圾大多既不节能，又不环保，更不能回收再次利用。随着垃圾的增多，我肚子里的垃圾被清理的次数也越来越多，清洁工人很是辛苦。……不管我以后的命运会怎样，我都希望人们讲究卫生，注重环保，为地球的美丽出一份力。"这样，文章的情感就得到了升华。

同学们，当你尝试着写《××的自述》时，可以有心地在这三个方面加以注意，也许你还会有更好的经验产生，记得和同伴一起分享哦！

◎习作同步练

题目：《××的自述》

提示：选择身边的一种事物，采用第一人称来写，写出这种事物的特点。写好后，可以读给同伴听，让他（她）评一评，改一改。

《××的自述》习作检查清单

检查标准	能将物品拟人化,采用第一人称来写	能让物品能说、能动、能想	能保留物品的特性
自评	♡♡♡♡♡	♡♡♡♡♡	♡♡♡♡♡
同伴评	♡♡♡♡♡	♡♡♡♡♡	♡♡♡♡♡
修改意见			

好的电影观后感一定是写细节的

> 有一种习作叫"写电影观后感"，这类习作跟平时写的记叙文有很大的不同，就是在写作时要结合电影中的精彩片段来写。那么怎样才能写出一篇好的电影观后感呢？其实，关键是要写好细节。

◎习作大看台

这唢呐，你无论如何也要学会
——电影《百鸟朝凤》观后感

太阳，射出万道金光，像一支支利剑，射在大地上，大地马上变得干渴；射在小草上，小草马上被射得抬不起头；射在知了上，知了马上叫了起来。

游天鸣走在一条羊肠小道上，两臂晃晃悠悠地耷拉在两边儿，没精打采地张开眼皮："爹，我不想学习唢呐……"这句话刚一出口，马上和他的两臂一样晃晃悠悠地，随风飘散在空旷的大山里，但还是被他爹给捕捉到了。"你这把懒骨头！"他爹说，神情凶得像只豹子，语气里带着极大的愤怒，"跟你说过多少次了，这唢呐，你无论如何也要学会！"不管天鸣抱怨多少次，爹总是回复他这样一句话。

这就是我在《百鸟朝凤》里最喜欢的片段。

也许你会问："为什么呢？"因为，在这个片段中，有着老一辈对中国文化传承的执着。

现在，越来越多西洋乐器进入了中国，它们像细菌一样飞快占领了中国，挤压着我们的民族乐器的地盘。只要一拧开收音机，里面便传出西洋乐器的声音。

除了那些真正将自己的心血倾注在它上面的人，民族乐器已被我们遗忘。而这部电影通过一个唢呐匠的故事从侧面烘托出这整件事，文章开始描述的电影片段便是最能表达老一辈对中国文化传承的热切心理，也最能表明，人们已经开始有些厌恶民族乐器。

比如我的家里有一把吉他。我喜欢它的原因：我能边弹边唱，还能用弹奏来编织出一首首优美的曲子；它携带方便，不需要占很大空间；按弦简单，只需稍微改动一下，便能交织出一个崭新的、优美的和弦；它的声音优美，曲调变化多端，既能让人弹出郊游时的轻快，又可以弹奏出斗牛时的紧张激动，富有娱乐性。而弹奏民族乐器呢？不仅需要将弹奏技巧表现出来，还要在弹奏时，将浓浓的情感注入进去。所以要传承这门手艺，简直是难上加难。

但是老一辈对中国文化传承的信念因为西洋乐器的出现而变得更加炽热，尽管有可能屡次失败，但他们依旧锲而不舍，对此，我对他们抱有崇高的敬意。

◎ 锦囊悄悄看

在写作文前，我们应该先来欢呼一下。为什么？因为这次写作，是让我们朝着"影评家"方向发展的。就算最后我们不能把习作写得像影评家的一样好，也是一次有意义的习作。

这次习作，是让我们向别人简要介绍一部影视片的精彩片段。这正是影评家的基本功。我们可以在以下两个方面努力。

一、把自己印象深刻的影视片段写得让读者读了也印象深刻

这次习作，不能空喊口号："这部影视作品很好，真的很好"。那是不能让别人信服的。你得把你对这部影视作品中印象最深刻的片段，用具体的语言描写得生动。例文中小作者写电影《百鸟朝凤》中的精彩片段，他就聚焦在影片中的开始，游天鸣对父亲说"我不想学习唢呐"这个镜头上。他先描写了电影片段中的场景："太阳，射出万道金光，像一支支利剑，射在大地上，大地马上变得干渴；射在小草上，小草马上被射得抬不起头；射在知了上，知了马上叫了起来。"这个场景描写得画面感很强，如同一个引了，引出下面的精彩片段。

接着描写在这样的场景下发生的精彩片段："游天鸣走在一条羊肠小道上，两臂晃晃悠悠地耷拉在两边儿，没精打采地张开眼皮：'爹，我不想学习唢呐……'这句话刚一出口，马上和他的两臂一样晃晃悠悠地，随风飘散在空旷的大山里，但还是被他爹给捕捉到了。'你这把懒骨头！'他爹说，神情凶得像只豹子，语气里带着极大的愤怒，'跟你说过多少次了，这唢呐，你无论如何也要学会！'"作者运用对话描写，把印象深刻的片段写得十分生动，让读者读了仿佛身临其境。我

们在描写电影中的精彩片段时，就要把这样的细节，用文字还原出来，令读者留下深刻的印象。这样，我们写的电影观后感，就成功一大半了。

二、把自己对这个影视片精彩片段的感受写得让读者也有共鸣感

写电影观后感，还需努力的一个方向就是写"感受"。写好"感受"，是这篇习作成功的关键，也是最见功力的地方。写感受，不是随意的，它总是与先前你描写的影视片段联系在一起的。如我们再次拿例文来说，在《百鸟朝凤》中作者对"这唢呐，你无论如何也要学会"印象深刻，那在畅谈自己的感受时，就紧扣民族乐器这个主题来写，采用对比描写，将国外的西洋乐器与我国的民族乐器进行比较，突出老一辈人对中国传统文化传承的执着。

在这之后，还有重要的一点，就是针对电影中的精彩片段，结合自己的实际生活来写，从电影里走到电影外。例文中小作者在这一部分描写中，结合自己学吉他的生活经历来写："比如我的家里有一把吉他。我喜欢它的原因：我能边弹边唱，还能用弹奏来编织出一首首优美的曲子；它携带方便，不需要占很大空间；按弦简单，只需稍微改动一下，便能交织出一个崭新的、优美的和弦；它的声音优美，曲调变化多端，既能让人弹出郊游时的轻快，又可以弹奏出斗牛时的紧张激动，富有娱乐性。而弹奏民族乐器呢？不仅需要将它的弹奏技巧表现出来，还要在弹奏时，将浓浓的情感注入进去。所以要传承这门手艺，简直是难上加难。"作者很有心地举生活中真实的例子来进一步点明对传统文化传承的艰难与对老一辈人的崇敬之情。因此，写得好的"感受"一定是结合自己的实际来写，用真诚的情感打动人，能引起别人的共鸣的。

当然，在描写"感受"时，还可以穿插名言警句、诗词歌赋，也可以引用其他有名的作家对此电影的评论，如例文可以在文末引用名家的评论："片子里面的好多片段，都让我想起中医的师徒传承，那些采药熬药的日子，那些手把手搭脉的日子，心中很是被触动。但是，中医会像唢呐那样衰败吗？中医面临西医，会像唢呐遇到铜管乐器一样，生意都被抢走了吗？当然不会。别管别人怎么看，怎么说，只要你把自己的功夫练好，来十个患者，甭多说，利利索索治好八九个，我想，没有人能摧毁你的。说到底，别和人家比较，把自己做到最好，让自己为自己骄傲，就没有人能让你衰败。"这样，可以升华主题，让观后感更有质感。

相信，在实践中，你会有更棒的写法产生的。实践出智慧。

◎ 习 作 同 步 练

题目:《电影〈_____〉观后感》

提示:选择一部自己最喜欢的电影,运用上述方法,尝试写观后感。写好后,可以与同伴交换习作,评一评,改一改。

《电影〈_____〉观后感》习作检查清单

	检查标准	自评	他评
基础级	能简单介绍电影的主要内容	☺☺☺	☺☺☺
	能描写电影中让你印象深刻的情节	☺☺☺	☺☺☺
	能结合自己的生活实践来谈体会	☺☺☺	☺☺☺
挑战级	能把让你印象深刻的情节写得让读者也印象深刻	☺☺☺	☺☺☺
	能把体会写得让读者有共鸣感	☺☺☺	☺☺☺

一波三折在心里

学习课文《刷子李》时，老师对我们说："写故事，就要像作家冯骥才一样，把故事写得一波三折才好看。"看来，一波三折是很有用的写作技巧哦，那么我们就来学一学吧！

◎习作大看台

礼　物

丁零零。上课铃声响了，可教室里还是一片混乱。班上的几位班干部自觉地喊起"安静"来，但为时已晚，钟老师已经站在了门口。

班里这么吵，一顿批评是免不了的。可是，听着听着，一个字眼儿蹦进了我们的脑海里，那就是"礼物"。

大家显然都接收到了这个信号，班里安静的状况一下被打破，开始闹腾，猜测礼物到底是何方神圣。

不过，礼物嘛，可不是想拿就能拿的，也不是人人都有的，要抽签决定。

在这见证奇迹的时刻，不同的人有着不同的表现。有的同学嘴里大喊着"我，我"之类的话，想"以身作则"来试试这个礼物；有的同学激动无比，在椅子上挪来挪去，还站起来；有的同学十分紧张，生怕踩到这个地雷；还有的同学，佯装淡定，假装漫不经心地做着自己的事情，实际也难掩兴奋之情。

我呢，不是很想被抽到，毕竟先扬后抑嘛，一般都把惊喜留到后面，先吊吊胃口再说。这不正说明了前面会是真的地雷吗？钟老师也笑得好"邪恶"。

不过，话虽如此，心中还是有一点被抽到的期望的。1/54 的概率，难得呀。但心想事成不可能，只有事与愿违。

钟老师缓缓地抽出一张字条，让丘题嘉打开。"陈文雯！"周围的同学一起叫了起来。

陈文雯靠在讲台上,从大信封里又抽出来一个小信封,然后又抽出一张字条。

陈文雯一下子就看到了内容,一副想说又不想说,想笑又不想笑的模样。她犹犹豫豫地说:"学……一声狗叫。"

哈哈哈,班里一阵狂笑,我也不例外。真被我猜中了,钟老师给我们班送礼物准没安好心!

第二轮抽奖开始了,我幸运地得到了打开字条的机会。这次,我百分之百确定,不是我。一个人打开字条发现是自己名字的概率小之又小。

果然不出我所料,不是我,是林紫薇!

林紫薇一开始也把头埋得低低的,但与陈文雯不同,她少了一分害羞和惊讶,多了一分激动和兴奋。

林紫薇快步走上讲台,并选择了大信封。但令所有人意外的是,她朝里面看了看就把手缩了回来。

钟老师却坏笑着,抽出一张 20 元的人民币,问:"这 20 元钱,你真的不要吗?"林紫薇摇摇头。

现场沸腾了,同学们在底下喊:"我要!我要!"

有些人,明明得到了很好的东西,他也会选择放弃。因为他知道那不是属于他的"礼物"。

◎ 锦囊悄悄看

这次写作,我们重点探讨的一个话题是"一波三折"。这个词语,很多人耳熟能详,但是在实际的作文中,要真正运用得好,还是需要一定的"技术"的。这项写作"技术",主要有三个层面:一是要做到有作家意识;二是要学会巧妙设置悬念,三是要让"一波三折"住进你心里。

一、有作家意识

"有作家意识",就是要有作家的思维。我们平常都是以"读者意识"在阅读别人写的作文,品析它哪里写得好,哪里打动人。而"有作家意识",就是要像作者一样去思考,如:故事的开头,怎样用最简短的语言交代好故事的起因;故事的经过部分,怎样一步一步写清楚;故事情节怎样安排,才能掀起高潮;故事的结尾,怎样写才不落入俗套;等等。

拿"习作大看台"中的《礼物》来说，这是一篇取材于生活的叙事文章，如果按照生活中真实发生的情况写下来，就会变成流水账。那么，在写作时，就要像作家一样去思考：选择哪些具体的人、具体的情节来表现"礼物"这个话题呢？小作者将素材筛选后，选择了"陈文雯、我、林紫薇"三位富有代表性的人物在礼物抽签中的表现来叙述。

选材上做到了作家意识之后，在具体的故事情节描写中，同样也做到了像作家一样去思考——每个人在礼物抽签中表现出的不同。例如陈文雯的犹豫、我的自信、林紫薇的"放弃"。因为用"不同"的思维去对故事情节进行构思，就把故事写得好看起来了。

二、巧妙设悬念

你一定看过动画片《神探柯南》吧？在每一个柯南破案的故事中，我们都会被故事中设置的悬念，吊足了胃口，一边看一边总在猜测：凶手到底是谁？悬念，让我们被故事深深地吸引住了。同样，在课文《刷子李》中，曹小三发现师父的衣服上有一个白点，这白点究竟是什么呢？一位技艺无比高超的刷墙师父，怎么会有白色的石浆滴落在衣服上呢？这些都是作家设置得很成功的悬念。

说到悬念，我们再来看一首在民间流传得很广的《祝寿诗》。诗的内容是："这个婆娘不是人，九天仙女下凡尘。儿孙个个都是贼，偷得蟠桃献母亲。"你能分辨出这首《祝寿诗》中，设置了哪些悬念吗？对了，一个悬念是"这个婆娘不是人"，另一个悬念是"儿孙个个都是贼"。明白了悬念之后，我们来看"习作大看台"《礼物》中的悬念设置。在故事的一开始，作者就写道："猜测礼物到底是何方神圣。"第一位同学陈文雯抽到的礼物是"学狗叫"。那么，第二位同学会抽到什么礼物呢？礼物会不会一样？礼物会不会有惊喜？……悬念的设置，让我们感受到故事一环紧扣一环，层层推进。

三、波折在心里

好的故事，讲究"一波三折"。一波三折，原来指写字的笔法曲折多，现在比喻文章的结构起伏曲折。那么什么是波折在心里呢？它主要指两个方面：一是指要在心里将故事情节的发展，安排出一波三折的效果；二是指主人公内心戏中的波折。

首先，我们来讲第一个方面，就是要将故事情节写得一波三折。这个可能大家都清楚，我们读过的《小壁虎借尾巴》，小壁虎向鲤鱼、黄牛、燕子借尾巴，就是一波三折。我们学过的《小蝌蚪找妈妈》，小蝌蚪在找妈妈的过程中遇到了鲤鱼妈妈、乌龟妈妈、自己的妈妈，这也是一波三折。在《刷子李》中曹小三起先惊叹于师父的刷墙技术的高超，接着看到师父刷墙的"漏洞"，产生了怀疑，最后揭晓了"漏洞"本是误会，更加佩服刷子李，这更是一波三折。在"习作大看台"《礼物》中，你们一定很快发现了一波三折吧？三位同学去抽礼物，掀起故事的一个又一个波澜，就是一波三折。而且三位同学抽的礼物，一份比一份让人意外，最后林紫薇抽到 20 元钱，主动放弃，把波折推向了高潮。

其次，一波三折也可以指主人公心里的波折。《刷子李》中曹小三的"佩服—怀疑—更佩服"，就是在心里完成了故事的一波三折。"习作大看台"《礼物》中，作者先前在心里想"我呢，不是很想被抽到"，接着，又想，"不过，话虽如此，心中还是有一点被抽到的期望。1/54 的概率，难得呀"；最后，当看到林紫薇主动放弃抽到的礼物时，心想"有些人，明明得到了很好的东西，他也会选择放弃。因为他知道那不是属于他的'礼物'"。在行动中，真是三思而后定啊。当然，我们知道，三思不是说只想三次，而是多次考虑。如此，就制造了主人公心里戏码的一波三折。

这样，在故事的写作中，既有了故事情节的一波三折，又有了主人公心理活动的一波三折，故事就营造了一个完整的、有意思的气场。现在给大家一个话题：同桌通知我，班主任让我去她办公室。大家来试试看，如何从两个方面来让故事一波三折。

◎ 习作同步练

题目：《看病》

提示：请采用"一波三折"的写法来描写自己看病时遇到的事情。写好后，可以与同伴交换习作，评一评，改一改。

《看病》习作检查清单

检查标准	自评	同伴评
能设置悬念	☆☆☆☆☆	☆☆☆☆☆
能把故事构思好	☆☆☆☆☆	☆☆☆☆☆
能把情节写得"一波三折"	☆☆☆☆☆	☆☆☆☆☆

具备三个"有"，写好游记不用愁

平时作文中，有一类作文，令有些同学感到很犯难，这类作文就是游记。这些同学会抱怨："游玩就好好玩啊，为什么要写游记呢？"其实，写游记，就是和读你文章的人分享游览中的所见所闻所感。因为你游览的地方，其他人未必会去游览，但他通过阅读你写的游记，就能了解那个地方，感受到游览的乐趣。写游记，只要能写好三个"有"，你就能写出超棒的游记来啦！

◎ 习作大看台

银子岩游览记

今年暑假，爸爸带我去桂林的银子岩旅游。爸爸是冲着银子岩的广告语去的——"游了银子岩，一世不缺钱。"我是跟着他去的，因为我没有去过，很好奇。银子有没有，对我来说不是关注的重点。

站在银子岩出口，往里望，原来是一个很大很大的溶洞，比孙悟空的水帘洞还要大许多倍。银子岩不仅大，空间上也很高，导游说，有十二层楼房那么高。我抬头往上看，看到岩壁顶上像蚂蚁一样行走的游人，不禁赞叹道："在大自然面前，人类是多么渺小啊！"

进了银子岩，我们先来到最大的一个岩洞。岩洞内都是不同形态的钟乳石。这些钟乳石有的像竖琴，用手拨动石头，竟然能发出"叮叮咚咚"的声音，当地的人们给它取了个美丽的名字，叫音乐石屏。有的钟乳石像一个巨无霸冰激凌，可恨的是只能看，不能吃。还有的钟乳石像《西游记》里四大天王之一的多闻天王手中使用的兵器——混元珍珠伞，传说这把神伞能呼风唤雨、收妖镇怪，收于洞中，成为镇洞之宝。

欣赏完混元珍珠伞，再往里走，就是"瑶池仙境"。导游引导我们来到一处有池水的溶洞边："各位游客请低头往水中瞧。"我和爸爸低头看去，一个神奇的世界突然展现在了眼前:这池水犹如一面水镜,水镜中映照着钟乳石的影子。在水镜倒影的衬托下,所有钟乳石的姿态发生了奇妙的变化,视觉空间立刻得到拉升。水中也呈现了一个一模一样的世界,两个世界连接在一起,壮观极了。真是"此景只应天上有,人间哪得几回见"啊!

抬起头,环顾四周,只见所育的钟乳石晶莹剔透、洁白无瑕,宛如夜空的银河倾斜而下,闪烁出像银子一样的光芒。我一下子明白了"银子岩"的真正来历。

"爸爸,这次旅行你失望了吧?你一两银子都没得到。"我对爸爸说。"没有啦。'银子'都被我装在心里了呢。"爸爸用手刮着我的小鼻子说。

◎ 锦囊悄悄看

游记,很容易写着写着就写成了流水账。那么该怎样把游记写得条理清楚、经过具体呢?给大家提供三个小妙招。

一、游记中有游览的顺序

小学语文教材中,有很多游记,比如《记金华的双龙洞》《颐和园》《七月的天山》等,这些课文是我们写作游记时,很好的例文。我们会发现这些被选作课文的游记,都有一个鲜明的特点,那就是游览的顺序非常清晰。如著名作家叶圣陶爷爷写的《记金华的双龙洞》,先写在路上,再写到了罗店,然后写双龙洞的外洞,最后写内洞。我们在写游览的旅游景点时,也可以像叶圣陶爷爷一样,按地点转移的顺序,依次把游览的地点写出来。如作者写游览桂林的银子岩这个景点,先可以写大岩洞,再写混元珍珠伞钟乳石群,最后写瑶池仙境钟乳石群。这样,别人看了你的文章,就会对你游览的景点,留下一个清晰的印象,文章就有条理了。

二、景物有主次之分

我们在写一处游览景点时,眼中会看到许许多多景物,这些景物不能一股脑儿都写进作文中,这样会显得十分庞杂,别人读了也不知道你在写什么。因此,我们在写游记时,里面的景点要有主次之分。你一定会问:景物那么多,怎样分清主次呢?教你一个简单分辨的方法,那就是将自己印象最深刻的或最有特色的景物,作为重点内容来描写。在描写时对景物要进行细致的刻画,可以采用比喻、拟人、对比等方法,描写出这处景点独一无二的特点。例如描写银子岩钟乳石时,印象最深刻的是"瑶池仙境"。那么这个景物,就要花力气写具体:"这池水犹如一面水镜。水镜中映照着钟乳石的影子。在水镜倒影的衬托下，所有钟乳石的姿态发生了奇妙的变化，视觉空间立刻得到拉升。水中也呈现了一个一模一样的世界，两个世界连接在一起，美轮美奂，壮观极了。"有了主次，可以更加突出景物的特点，让读者有身临其境之感。

三、游记中有自己真实的感受

前面如果我们把游览景点的过程写得有序了，写得主次分明了，那么接下来就要在描写中融入自己的感受。写感受有两种方法，一种是将感受融入文章的字里行间，把所见所闻与感受"无缝对接"。例如描写银子岩中的游人，可以这样感叹："在大自然面前，人类是多么渺小！"在欣赏完"瑶池仙境"美轮美奂的景色时，可以这样感叹："真是'此景只应天上有，人间哪得几回见'啊！"另一种方法是把感受单独写在文章的结尾。例如课文《七月的天山》，作家在具体生动地描写了天山七月的美丽景色后，在文章结尾写道："虽然天山这时并不是春天，但是有哪一个春天的花园能比得过这时天山的无边繁花呢？"一个反问句，强烈地表达出了作者对天山美景的喜爱之情。我们在描写银子岩的美景后，同样也可以在结尾抒发自己的情感——"'爸爸，这次旅行你失望了吧？你一两银子都没得到。'我对爸爸说。'没有啦。'银子'都被我装在心里了呢。'爸爸用手刮着我的小鼻子说。"用一种带有幽默感的语言，委婉、含蓄地表达了自己游览银子岩的感受，升华了主题，使文章更有感染力。

◎ 习作同步练

题目：《××游览记》

提示：采用上述方法来描写自己的一次游览经历。写好后，可以把习作读给同伴听，相互评一评，改一改。

《××游览记》习作检查清单

检查标准	自评	同伴评
能按游览的顺序来写	✿✿✿	✿✿✿
景物描写能有主次之分	✿✿✿	✿✿✿
游记中能融入自己的真实感受	✿✿✿	✿✿✿

给习作来点"可乐气质"

你在写作文的时候,有没有这样的苦恼:明明自己很努力地写了,作文还是干巴巴的,吸引不了大众的眼球;而别的同学,寥寥数笔,就能博得满堂喝彩。原因在哪儿呢? 可能就在运用素材时幽默这个料,加得到不到位,合小合适。这次,我们就来讨论怎样让自己的作文更具"可乐气质"。

◎习作大看台

爱啃手指头的同桌

他又在啃手指头了,看着他啃得津津有味的样子,我全身的鸡皮疙瘩都掉了一地。你问他是谁? 请看档案表:

姓名:沈卫国	外号:卫生纸
最喜欢吃的食物:手指头	
主要事迹:不分任何场合长时间地啃手指头	

"沈卫国,这个问题你来回答。"——沉默是金! ——他低头啃着手指头。

"沈卫国,下次争取考60分。"——千年等一回! ——他低头啃着手指头。

就是这样一个人做了我同桌。我像其他同学一样"退避三尺",不去理他。他总是一个人默默地坐在角落里啃他的手指头。有一回,我忽然发现他的眼角湿漉漉的,他怎么了……我感到心中有一种说不出的味道。

那天运动会上,我参加了800米跑步,在高手如云的赛场上,一开始我就落在了最后头,我马上想到了放弃……正在这时,耳边响起了"坚持住,冲呀——"的声音。是他,沈卫国! 他使出了吃奶的劲在陪我跑。于是,我跟着他的步伐,往前冲。虽然我得了最后一名,但是一点儿也不懊恼,停下来第一句话就是对他说了声:"谢谢。"他啃着手指头跑开了。

　　从那天起，我一看到他上课啃手指头，回答不出问题被老师责骂，就会很难过，很同情他，心里想：非得想个法子帮他一把不可！

　　我在他的手指头上绑上了一根长线，每次他要啃时，就用力一拉。开始还好，到后来，我因为要"全天候"地盯着他，连自己的成绩都下降了。再说我也不愿看着他被"玩偶"一样地管束着。

　　我尝试着在他的手指上缠上胶带纸，这下他啃不着了吧。灵是灵，但他写字的时候该怎么办，他并不快乐。

　　……看着一个个办法落空，看着他只会在那儿啃手指头，我气不打一处来，"你看看，你的手指头成啥样了。"我哭着大喊道，他吓得缩在了一边。

　　"别再啃了。你一啃，老师就生气；你一啃，注意力就不集中，成绩就上不去。我求求你别再啃了。"我央求道，他似懂非懂地点了三下头。

　　"光点头是没有用的，要下决心，能帮你的只有你自己。"我缓了一口气继续说道，"真的，能帮你的只有你自己！"他望着我，似乎不相信我能讲出这么一套大道理来。

　　"就像在跑步时你鼓励我的一样，勇敢地去面对，冲啊——"我重重地拍了一下他的肩膀。刹那间，他一下子狠狠地咬住了自己的手指头。"你干什么？快拿出来。"我被这一幕惊呆了。他斩钉截铁地说："我一定改！"他又咬住了自己的手指头。

　　多年养成的习惯，要改谈何容易。第一天，上课时他刚要啃手指头，好像想起了什么，又缩回了手，我看见了，送上了一个微笑。第二天，他上课终于忍住了，可下课啃得更凶了，我拿尺打了他的手。我知道这样做不对，但我没有办法。第三天，我向他道了歉，并送上了一张字条，上面写着："永远记住，能帮你的只有你自己！"又塞给了他一根棒棒糖。他兴奋地对我说："请你帮我复习功课，好吗？""当然可以。"我爽快地答应了。

　　一个月以后，在教室里——

　　"哇，特大新闻，'卫生纸'不啃手指头了。"教室里议论纷纷。他难为情地对大家说："都亏她帮的忙。"大家的目光都一齐投向了我。天哪，帮助别人的感觉怎么这样怪！

　　现在，我又为沈卫国写了一份档案：

姓名：沈卫国	外号：国宝
最喜欢吃的食物：棒棒糖	
光荣事迹：手指头上长年累月写着"克制！克制！"	

如今的沈卫国也许成绩上还没有达到老师心目中的要求,但我从他身上看到了勇气与毅力,这也正是我所缺少的。相信它会给沈卫国带来奇迹的。

◎ 锦囊悄悄看

在写"同桌"的文章中,这篇作文能拔得头筹,秘诀我们在开头就说到了,那就是加入了"可乐气质"。这"可乐气质"就来自"幽默"。但是幽默这个因子加的时机,也是有讲究的。加得不好,会画蛇添足、弄巧成拙。那么我们该怎样使自己的习作慢慢地具有"可乐气质"呢?下面我们就以《爱啃手指头的同桌》为例,来谈一谈。

一、人物的动作上要下猛料

写"同桌"的文章,老师一定会在课堂上一而再、再而三地要求你把人物的言行写好。于是你会很用心地去写人物的动作,觉得有了动作,人物就"动"了,作文就出彩了。其实不是这样的,在这过程中,你还忽略了一点,你只做到了重视同桌的动作这一步骤。光是重现和记录,是远远不够的,还需要你花大力气去"加工"。例如《爱啃手指头的同桌》中,中心人物沈卫国,他最典型的动作就是啃手指头。我们在写这一动作时,就要在不同的时间段、不同的场合、不同的心境下,对这个典型的动作下猛料——回答问题啃手指,陪我跑步啃手指,思考问题啃手指。说得直白一点,就是让这个动作反复出现,对其反复刻画。反复,成了一种最有效的幽默手段。就如同春晚的相声节目《这事不赖我》中,主人公总是不明是非地用一句"这事不赖我"来搪塞任何事情,带来无尽的笑料,给表演艺术加分一样。你也可以尝试着在同桌的动作中,加入一些"漫画式"的幽默,效果一定不错。

二、突出的特点上要多轰炸

影片中,诙谐有趣的,往往最受欢迎;同学中,会调侃的人,通常最有人气。写作文也是这个理。许多佳作,往往写得意到笔随,使这读来如清风拂面,可是就在这样的理所当然中,作者会突然在不经意间给你来一个"不正经",文章顿时就有了生气。

前段日子,网上流行这样一段文字,写的是猪的自我介绍:"猪最宝贵的是身体。身体属于我们只有一次。我们的一生应当这样度过:'等我们肥得只剩下一身肉的时候，我们绝不会因为从不挑食而后悔，也不会因为整天睡觉而羞耻。我们就敢竖起猪耳朵说，我们全部的生命和脂肪都已经献给了猪类最壮丽的事业——为猪类的繁荣昌盛和人类的营养事业而奋斗。'"看到这一段话之后，相信很多同学都笑了。本来很普通的一段文字，现在却让人印象深刻，回味无穷，主要是因为这位作者在素材的运用上是将《钢铁是怎样炼成的》中的主人公保尔·柯察金的名言加以改头换面，写出猪的"豪言壮语"，凸显了猪的特点。

同样，在《爱啃手指头的同桌》中，作者所要写的沈卫国其实是位很勇敢、有毅力的同学。如果"明"写很勇敢，那作文就不好玩了。作者把他的勇敢先隐藏起来，把一个"懦弱"的形象，先展现在读者的面前。这种卖关子的写法，使几个素材在对比中，呈现出一种鲜亮的幽默。

三、行文的结构上要用智慧

幽默，是智者的表达方式，或针砭，或自嘲，都充满了智慧和情趣。幽默的形成往往需要一种氛围，需要一个场。《爱啃手指头的同桌》一文，除了在人物的动作和特点上运用幽默，在行文的结构上也巧用智慧，撒播幽默的种子。例如文章的前后，作者加入了"档案"这种新颖的形式，专门给沈卫国同学写了两份档案，使我们一读就笑点不断，取的绰号、最喜欢吃的食物、主要事迹，看似搞笑，但都是经过精心构思的。在前后对比中，幽默感喷泉般地涌出来。在这里给大家推荐一首台湾著名儿童文学家林焕彰先生写的童诗《公鸡生蛋》，也许会给你带来启发。这首童诗是这样写的："天暗暗，地暗暗，/公鸡站在大门口：/喔喔喔，我要生蛋！/喔喔喔，我要生蛋！//喔喔喔，我要生个好蛋蛋！/天亮亮，地亮亮，公鸡跳到屋顶上：/喔喔喔，出来了！/喔喔喔，出来了！/喔喔喔，真的出来了！/我生了一个好大好大的金鸡蛋！"

哈哈，很逗吧？赶快也在你的作文中去用一用吧，哪怕博得同学的一丝浅笑，也是胜利哦！

◎习作同步练

题目：《＿＿＿＿＿＿的同桌》

提示：采用幽默的语言描写，写出同桌独一无二的特点。写好后，可以读给同伴听，请他（她）评一评。

《_____的同桌》习作检查清单

	检查标准	自评	同伴评
基础级	能把幽默的语言融入动作描写中	☺☺☺☺☺	☺☺☺☺☺
	能把幽默的语言融入对话描写中	☺☺☺☺☺	☺☺☺☺☺
挑战级	能把幽默的形式融入结构中	☺☺☺☺☺	☺☺☺☺☺

参考文献

[1] 中华人民共和国教育部. 义务教育语文课程标准(2011年版)[M]. 北京:北京师范大学出版社,2012.

[2] 林恩·埃里克森,洛伊斯·兰宁. 以概念为本的课程与教学:培养核心素养的绝佳实践[M]. 鲁效孔,译. 上海:华东师范大学出版社,2018.

[3] 马兰. 课堂教学设计整体化取向[M]. 杭州:浙江教育出版社,2011.

[4] 刘月霞. 深度学习:走向核心素养[M]. 北京:教育科学出版社,2018.